JN095012

5万組を子育て支援して見つけた

しない育児

TAKING IT EASY

12人産んだ助産師
HISAKO

sanctuarybooks

Prologue

生まれてきてくれてありがとう。

小さな命が誕生する奇跡。
この世にひとつだけの大切な宝物の存在を前に、
深く感動し、ただただ感謝したあの瞬間──。

でも、出産という奇跡のあとには、
「初めての育児」というリアルな毎日が続いていきます。

右も左もわからず、暗闇の中を手探りで進むような0歳。

歩けるようになって目が離せなくなり、

子育てのギアがぐんと変わる1歳。

イヤイヤ期の絶頂で、悪魔に見えることさえある2歳。

できることがどんどん増え、生意気な口もきくようになる3歳。

もちろん、どんなときも子どもはかわいいし、成長はうれしい。

でも、「かわいい」「うれしい」と思う瞬間の何倍も、

しんどくて、思い通りにいかなくて。

どうしたらいいかわからず、

心が折れそうになることもあるでしょう。

もっと食べさせないと。

周りに迷惑をかけないようにしないと。

遅れをとらないようにしないと。

怒らないようにしないと。

しつけをしないと。

いい親でいないと。

——そんな自責の念を言葉にするママは、

押し流されるような毎日の中で、自分のことはあと回し。

頭の中は、夕ごはんのメニューと、

朝に牛乳をぶちまけられたお洋服の洗濯と、

週末のお天気のことでいっぱい。

そして、今日も子どもと一緒に寝落ちする夜。

一体、こんなに一生懸命なママのどこが
「ダメな母親」なのでしょうか。
子どもの機嫌やお天気に左右されながらも、
1日、1日を無事にやりすごす。
それだけで、親としては十分にがんばっているといえます。
ママが自分で「今日もがんばった」
って胸を張って言えなかったとしても、
子どもが今日も元気で笑っているのなら、
それが何よりの「がんばった」証。
「しんどいな」と思うのは、
それだけ真剣に子育てをしている証拠です。

「子育て」という
世界一尊くて、
世界一大変な偉業と向き合っているママが、
もっと自分らしく、
もっと笑っていられますように。

子育てでいちばん大切なのは、ママの笑顔

　毎日の子育て、本当におつかれさまです。

　育児は試行錯誤の連続です。特に、インターネットが発達した現代の育児は、情報迷子になりがち。不確かなネット上の情報に振り回され、そこに親やママ友からのアドバイスが加わると、何が正しいのか判断がつかなくなります。
「あれもするべき、これもするべき」と欲張っては自滅し、うまくいかないことに対して「自分の育て方がいけないからだろうか」「イライラしてしまう自分はダメな親なんだろうか」と思い悩む——情報にとことん翻弄され、子育ての"軸"を持ちづらい現代のママにありがちな姿です。

　そもそも、子育てでいちばん大事なことってなんでしょう。
　食事？　しつけ？　勉強？
　いいえ、違います。子育てでいちばん大事なのは、**ママが自分らしく、笑っていること——**。

　本書では、つい「あれもしなきゃ、これもしなきゃ」と思いがちな子育ての中で、「実はしなくていいこと」、その反対に「するならこっちがおすすめ」をわかりやすくまとめました。

ママの頭の中はいつも「しなきゃ」でいっぱい。でも、子育ての中で絶対に「しなきゃいけないこと」って、実はそんなに多くありません。しなくてもいいのに、「しなければならないと思い込んでいる」いくつもの事柄が、ママの余裕を、そして、笑顔を奪っているのです。

　この本では、それらを一つひとつ手放していくコツをお伝えしていきます。そして、これはけっして"手抜き"というわけではありません。

　育児をするうえで本当に大切なことを手放さないでいられるよう、身軽になるための提案です。

「がんばらんでええ、テキトーでええ」に込められた想い

　自己紹介が遅れました、助産師のHISAKOと申します。

　助産師として20年以上のキャリアを持ち、大阪に開設した「助産院ばぶばぶ」での活動を中心に、これまでに5万組以上の親子の育児支援を行ってきました。現在は沖縄県うるま市に拠点を移し、ブログやYouTubeを通じて全世界のママを元気にするべく発信を続けています。

　プライベートでは、1998年から2020年にかけて12人の子を出産。おおらかな心持ちで大家族を切り盛りする、肝っ玉母ちゃんです……と言いたいところですが、実は私、ママになりたての頃、というか、25年に及ぶママ歴の半分近くは、冒頭に書いたような「しなきゃ」の呪縛にがんじがらめになっていました。

上の子5人は幼稚園に入れ、主婦業を完璧にこなしていました。朝ごはんには必ずフルーツが添えられ、夕ごはんには手づくりのメニューがテーブルに何品も並ぶ日々。苦手なくせに、ママ友づき合いにも精を出していました。そして、助産師の仕事に復帰したあとも、変わらぬタスクを自らに課していた。今思うと、そうやって"完璧なお母さん"を演じることで、私自身が安心していたのでしょう。

　そんな私の心中を、子どもはすべてお見通しでした。育児と仕事を完璧に両立させようと自らを追い込む私に、思春期に差しかかった子どものひとりが「やめて、そんなの望んでいない」と言ったのです。"完璧なお母さん"として"完璧な育児"をしようという私の気持ちが、知らず知らずのうちに彼らを追い詰めていたのでしょう。事実、私の「あなたたちのためだから」という重すぎる愛を受け止めきれなかった彼らは、私が思い描いていたようには成長してくれませんでした。
　子どもたちの言葉を聞いた私は、そこから、いかに"完璧"を脱するか、試行錯誤を重ねました。惣菜を買ってきたり、強制的に週1でカップラーメンの日をつくったり。ママ友づき合いもすっぱりやめました。相変わらず険悪な雰囲気が続く子もいましたが、「こんなにやってあげてるのに！」という思いがなくなったからか、あるがままのその子を、余裕を持って受け入れられるようになった。これは、私にとって大きな変化でした。

　離婚と再婚を経て、家の中がしっちゃかめっちゃかになった時期もありましたが、いかに人間臭く、いかに"不良ママ"

になれるかを考えて行動し続けた結果、だんだんと肩の力が抜けてきた。ここにたどり着くまで20年（！）。テキトーぶり、いい加減ぶりがようやく板についてきたところです（笑）。

　今、子育て中のママは20年もかける必要はないし、そんな時間もないでしょう。だから、できることなら近道してほしいと思って書いたのがこの本です。きれいごとじゃない、育児の実践編がギュッと詰まっていますから、参考にしてもらえたらうれしいです。なお、本文中では便宜上「ママ」と書いていますが、お産と授乳以外については、もちろんパパも実践してみてくださいね。

　YouTubeでもいつも言っていますが、私のモットーは「がんばらんでええ、テキトーでええ」。肩に力が入りまくっていた私が20年かかってたどり着いた、育児のいちばんのコツです。子ども思いの、真面目で一生懸命なママこそ、がんばらんでええ。もっと肩の力を抜いて、楽したらええやん。楽したぶん、ママに余裕が生まれて笑顔になれば、それこそが子どものためになるのだから。
　そして、ママが自分を犠牲にせずにやりたいことをやる姿が、自分の頭で考えられる子どもに育つための何よりの手本となり、結果的に幸せな親子関係を築くことにつながるでしょう。

　たくさんのママとパパが、笑顔であふれる育児ができるよう応援しています。

CONTENTS

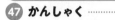

CHAPTER

1

生活編

スマホ

しなくていい

子どもといるときはスマホを触らない。
子どもにもスマホを触らせない

するならこっち

暇を見つけてはスマホを触って息抜きを。
子どもと一緒に見るのもOK

生活編

からだ編

しつけ編

コミュニケーション編

人間関係編

発達編

考え方編

「スマホに子守りをさせないで！」という、ある学会が配布している啓発ポスターやリーフレットをご存知でしょうか。内容は、「親も子もメディア機器接触時間のコントロールが大事」「ムズがる赤ちゃんにアプリの画面で応えるのは、赤ちゃんの育ちをゆがめる可能性がある」うんぬん……要は、親子が一緒にすごす時間は、親も子もスマホを使ったらあかんってことでしょうか？

　特に気になるのが授乳についての記述。授乳中はテレビなどを消し、赤ちゃんと目と目を合わせて語りかけることで、赤ちゃんの安心感と親子の愛着が育まれる、などとあるけど、**おっぱい飲みながらまどろむ赤ちゃんに一方的に話しかけるなんて、そんな押しつけの愛情、重たすぎてしんどなるわ（笑）。**

　ぐずる赤ちゃんをあやしつつ、おむつ替えやら家事やら、1日中やることがいっぱいのママにとって、唯一まとまって座ることができるのが授乳タイム。**私は、この時間を息抜きにどんどん使うべきだと思います。**スマホでゲームするのもいいし、録りためたドラマを見るのもいいですね。子どもが少し大きくなってきたら、一緒に知育アプリをするのも楽しいですよね。

　リーフレットでは絵本が推奨されているけど、一緒に見つめる先がスマホであってはいけない理由はないはず。『**育児中、スマホに触る時間をいかに確保できるか、その要領のよさと、柔軟性のある思考こそが、健全な子育てにつながります**』。これが、私がママに贈りたいリーフレットのキャッチコピーです。

まとめ

"子どものために"ルールに縛られるのではなく
"自分のために"要領よく、柔軟性を持って考えよう

2

テレビ

しなくていい

テレビは
時間を決めて見せる

するならこっち

自分が楽になるなら、
つけっ放しにしてもいい

「テレビやスマホとどうつき合えばいいですか？」「テレビやスマホを見せすぎなのではないかと不安です」。この手の質問、めっちゃ多いです。

そもそも、そんなふうに心配しているママさんは、1日中見せるような使い方はしていないはず。「ごはんつくる間だけ！」とテレビをつける、静かにしなければならない公共の場でスマホで動画を見せる、とかそんな程度やろ？　24時間ずっと画面を見せているわけじゃあるまいし、その程度で人格や愛着の形成になんらかの影響が生じるはずはありません。

そもそも、我々ママ自身が"テレビ世代"真っ盛りの育ち方をしてきたはず。子どもの頃、朝から晩までテレビがずっとついていたというご家庭も多いでしょう。だからといって私たちに悪い影響が出ているかというと、そんなことはありませんよね。

何事もバランスですから、極端に見せすぎなければいいだけ。もし、中毒のようになってしまっているのなら、テレビよりも夢中になれる、心が揺さぶられるような体験を子どもに与えてあげる必要があるかもしれません。

前項でも書いた通り、スマホも同じです。**触らせるときは触らせる、触っていないときは親子でたっぷりスキンシップを図る**、とメリハリのある使い方をすればOK。どちらかというと、**ママ自身が子どもの存在よりもスマホに夢中になっているケースのほうが、愛着形成の面では心配かな。**子どもの話は、スマホをいったん置いて、きちんと目を見て聞いてあげましょうね。

まとめ

テレビもスマホも、便利なものはどんどん使おう
子どもの話を聞くときはママのスマホはいったんお休み

③

手づくり

しなくていい

ママお手製のおやつ、
料理、バッグ、洋服……

するならこっち

ママが楽しいかどうかを
優先する

生活編

からだ編

しつけ編

コミュニケーション編

人間関係編

発達編

考え方編

　個性や多様性を尊重する考え方が受け入れられつつある一方、"理想の母親像"という社会的規範は根強く残っています。離乳食に始まり、料理におやつ、通園グッズに洋服……これらを「手づくりすべき」という呪縛は、その最たるもの。

　実は、かつての私もそうでした。上から5人目までは専業主婦として、手の込んだ料理を食卓に並べる毎日。振り返ってみると、**自分に自信がなかったから、"完璧なお母さん"として忙しくふるまうことで安心感を得ていた**んですね。そう、はっきり言って自己満足です。

　思春期を迎え、思い通りに育たない子どもたち。"完璧"に育ててきたのに、なぜ……と悩む私にぶつけられたのが、「こっちはそんなの望んでいない」という言葉でした。**手づくり＝愛情ではなく、「もっとテキトーでいいから、私たちと向き合ってほしかった」**というのが、子どもたちの願いだったのです。

　大切なのは、子どもと触れ合う時間を削ってまで手づくりすることではありません。それよりも、ママが笑顔でいられることが、子どもたちにとっての何よりの安心につながります。ベビーフードやレトルト食品、お惣菜もどんどん使いましょう。通園グッズも、今はかわいい既製品がたくさん売られています。

　もちろん、「手づくりが楽しくて、生きがいです」という人は、どんどん手づくりしてくださいね。**やりたくないことは極力カットして、ママがやりたいことをやっている姿をどんどん子どもに見せましょう。**

まとめ

「手づくり＝愛情」ではない
やりたいことをやるママの姿が、子どもの手本になる

4

授乳

しなくていい

赤ちゃんと目を合わせて、やさしく語りかけながら授乳する

するならこっち

あらゆるツールを使って、効率的に "ながら授乳" をする

　育児書には、「おっぱいをあげる時間は、赤ちゃんとの大切なコミュニケーションタイム。落ち着いた静かな環境の中で、ゆったりとした気持ちで、赤ちゃんにやさしく語りかけながら授乳しましょう」なんて書いてありますよね。でも、12人育てた私は思います。「そんなの理想論やぁぁぁーーー！」って（笑）。

　この論によると、授乳中のママはテレビもスマホもダメ。つまり、1日中吸っているようなおっぱい大好き赤ちゃんだと、ママは1日中、授乳以外のことは何もできないってこと？そんなの現実的ではありませんよね。

　そこで私が推奨するのが **"ながら授乳"** です。**おっぱいは、工夫次第でいつでもどこでもあげることができます。** クッションや枕をうまく使えば、手放し授乳が可能。抱っこ紐の中で授乳すれば、仕事も家事もできるし、買い物や上の子の送迎へ行くこともできます。もちろん、テレビやスマホを見て気分転換するのもOK。パンやおにぎりを食べて、授乳で空いた小腹を満たすこともできます。ただし、汁物だけは気をつけましょう。

　みんな、「授乳」と、その他の「すべきこと」を切り離してしまうから、それぞれに時間をとられ、結果として余裕が失われてしまうのです。でも、この "ながら授乳" をマスターすれば、時間に追われてイライラすることがなくなり、赤ちゃんを肌から離す時間を減らすことにもつながります。育児書通りに **「落ち着いた、静かな環境の中で」授乳をするよりも、赤ちゃんとのコミュニケーションははるかに増える** でしょう。

 まとめ

**授乳時間は、わざわざ必死に確保しなくてもいい
"ながら授乳" がママに余裕をもたらす**

5

授乳

しなくていい

カフェイン&お酒は大好きでも 一切とらない

するならこっち

カフェイン&お酒を上手に摂取して、 育児のストレスを緩和

　妊娠中や授乳中は、カフェインやお酒を控えたほうがいいと言われますが、果たしてどこまで赤ちゃんに影響するのか、具体的にご存知ですか？

◎**カフェイン**…ママがカフェインをとると、そのうち１％程度が３時間後に母乳に移行。赤ちゃんのからだに入ったカフェインが完全に排出されるのに必要な時間は３日程度と言われます。「１％というほんの微量であっても、移行するならガマンすべき！」という意見もあるかもしれませんが、よほど常軌を逸する量でないかぎり、大きな影響はないと考えられます。

◎**お酒**…アメリカ小児科学会は、「アルコールによる悪影響はあるが、アルコール摂取は母乳育児の禁忌にはならない」という内容を伝えています。体重50kgのママなら、350mlの缶ビール１本、グラス１杯のワインは許容範囲。そして、飲んでから約30〜90分で母乳中のアルコール量がピークに達し、そこから約５倍の時間が経過すればアルコールは完全に血液中から消えると言われています。つまり、飲む前に授乳して、２時間半〜７時間半、間をとって最低３時間半あければよいという計算になります。

　確かに、いずれも母乳にまったく影響しないわけではありません。でも、**自分にムチを打ってまでガマンしているのなら、ちょっと肩の力を抜いて、制限をゆるめてもいいんじゃないかな。**カフェインもお酒も、子育てを支えてくれる戦友として賢く上手におつき合いしていきましょうね。

まとめ

“１日２〜３杯のコーヒー”や“たまのワイン”が
ママの元気の源になる

6

生活リズム

しなくていい

生後3カ月をすぎたら授乳回数を
コントロールして生活リズムを整える

するならこっち

赤ちゃんの要求に耳を傾け、
生活リズムの波にうまく乗ってあげる

生活編

からだ編

しつけ編

コミュニケーション編

人間関係編

発達編

考え方編

　赤ちゃんがほしがったらほしがるだけ、いつでもどこでも飲ませてあげましょう——というのが母乳育児の基本。しかし、生後3〜4カ月をすぎてもまだ授乳回数が1日10回以上だったりすると、「授乳回数をコントロールしていかないと」と助言されることがあります。こう言われると、「自分のやり方は間違っているのか」と悩んでしまいますよね。

　ミルクとは違い、母乳は毎回飲む量が違います。不思議なことに、頻回授乳のときの母乳はカロリーも抑えめで水分が多く、ガッツリ授乳のときは栄養価が高いということがわかっています。母体はちゃんと、必要に応じて、常に適切で無駄のない栄養を赤ちゃんに提供できるような仕組みになっているのですね。

　私たちは機械ではなく、哺乳類です。**もっと自然に、赤ちゃんの要求（＝リズム）に耳を傾け、ほしがるだけ飲ませてあげましょう。**つまり、「生活リズムを整える」とは、赤ちゃんのその日のリズムの波にママが上手に乗ってあげること。時計とにらめっこしながら授乳間隔をコントロールすることではありません。そして、ママの都合や気分で「余裕があるから、もう少し飲ませよう」「しんどいからもう切り上げよう」と決めるのもOK。それもまた親子のリズムですから、本能に従いましょう。

　ミルクの場合も、以前は「3時間ごと」と言われていましたが、最近は「ほしがるだけあげてOK」というふうに変わってきています。教科書通りのスケジュールを送ろうと必死になるのではなく、親子で息を合わせて楽にすごしましょうね。

\まとめ/

**もっと自然に身を委ね
赤ちゃんの心とからだ、両方を満たしてあげよう**

7

就寝時間

しなくていい

~~21時就寝を
厳守する~~

するならこっち

ママがゆとりを持てる
スケジュールであることを重視する

　夜も昼もなく授乳とおむつ替えのくり返しだった生後3〜4カ月をすぎると、早寝早起きが推奨されるようになります。夜の10時から深夜の2時までの4時間、成長ホルモンが活発に分泌されるこの"睡眠のゴールデンタイム"にしっかり眠ることが、赤ちゃんの成長には欠かせないから——というのが理由です。

　しかし、成長ホルモンは1日中分泌されており、ゴールデンタイムは、他の時間帯よりも少し多めに出ているだけのこと。だから、仮に0時就寝・10時起床でゴールデンタイムの半分しか眠れなかったとしても、そこまで大きな問題ではありません。

　子育てでいちばん大事なのは、子どもが元気であること。そして、その**子どもの元気のために何が必要かと言ったら、ママが元気であること**です。だから、ママが「0時就寝・10時起床がいちばん合っている、いちばん元気でいられる」というなら、それを貫いていいと思います。

　また、離乳食が始まると、「1回目は何時にあげて……2回目は……」という逆算から早起き生活に切り替える人もいますね。これも「1回目は午前中のどこか！　2回目は午後のどこか！」ぐらい、おおらかでいいと思いますよ。お昼寝も、時間を決めて無理に寝かしつける必要はありません。その子の睡眠のリズムに合わせて、自然に任せるのがいちばんだと思います。

　どのみち保育園や幼稚園に入ったら、嫌でも早起きしなあかんようになります。長い人生の中のたった3〜4カ月、そんなに完璧な生活にしなくても大丈夫。肩の力を抜きましょうね。

| まとめ | 赤ちゃんの成長に欠かせないのは
"早寝早起き"よりも"ママの笑顔" |

8

夜泣き

しなくていい

夜泣きの原因や対処法を
調べて実践する

するならこっち

夜泣きは成長の過程と割り切り、
ひたすら待つ

生活編

からだ編

しつけ編

コミュニケーション編

人間関係編

発達編

考え方編

　今までよく眠っていた赤ちゃんが、生後4カ月以降、寝つきが悪くなったり、夜中に何度も起きるようになったりする"夜泣き"。添い乳や抱っこを減らす、生活リズムを崩さない、昼間にいっぱい遊ばせるなど、さまざまな対処法を目にしますが……ごめんなさい。ぶっちゃけ、どれも有効ではないと思います。

　赤ちゃんは、毎日すごいスピードで成長していきます。「快」「不快」だけだった感情は、「楽しい」「うれしい」「怖い」「悲しい」など、複雑に分岐。視力も聴覚も発達し、寝返りができるようになり、だんだん人間らしくなっていきます。

　そんな急激な成長過程にある赤ちゃんは、頭の中が情報過多で、眠っている間も休まらない状態。深い眠りに入るのも一苦労です。興奮をうまく収めることができず、夢と現実が頭の中でごちゃごちゃになることもあります。夜中に何度も起きて大泣きするのは、これが理由です。

　つまり、**夜泣きは成長に欠くことのできない大切な過程**なのです。朝がきて、夜がきて、また朝がきて……という経験をくり返すうちに、頭の中にインプットする情報量を調節し、自分で興奮を収められるようになります。夢と現実の切りわけもうまくできるようになり、パニックも起こさなくなります。

　ママにできるのは、子どもが自然にその能力を獲得するのをひたすら待ってあげることだけ。ほんまにしんどいけど、一時期のことですから、一生懸命成長しようとする子どもにとことんつき合ってあげましょう。

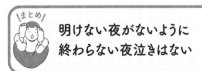

まとめ

**明けない夜がないように
終わらない夜泣きはない**

9

ネントレ

しなくていい

✕

ネントレをして
ひとりで寝かせる

するならこっち

しんどいけど
「夜泣きはあたりまえ」と受け入れる

生活編

からだ編

しつけ編

コミュニケーション編

人間関係編

発達編

考え方編

　赤ちゃんが自力で寝るようになるという"ねんねトレーニング" ＝ネントレ。とっても流行っているようですし、いろいろな考え方があると思います。

　もちろん、「赤ちゃんに何度も起こされてもう限界」という人は、少しでも楽になるひとつの手立てとしてネントレを試すのもいいでしょう。**でも、「つらいけど、がんばればなんとかつき合えるわ」という人は、一時期のことと割り切ってつき合ってあげてもいいのではないでしょうか。**

　赤ちゃんの睡眠の中心はレム睡眠、つまり、からだは寝ているけど脳は起きているという状態です。大人のようにノンレム睡眠をうまくとることができないので、夜中に何度も起きてはおっぱいや抱っこを求めます。でも、そうやって「起きたらすぐに対応してもらえる」という絶対的な安心感、たっぷりの愛情を受けた赤ちゃんは、朝から再び元気いっぱいに活動します。

　そこを「ネントレ中だから」と対応しないと、**「どうせ抱っこしてもらえないんだ」と、赤ちゃんが世界に対して心を閉ざしてしまうことにつながりかねません。**前項でもお伝えした通り、睡眠が未発達の赤ちゃんに必要なのは、**トレーニングではなく、成長していく過程を見守ること**だと私は思います。

　唯一、ママができるのが現実逃避です。イライラしないコツは、ぐずる赤ちゃんと向き合いすぎないこと。ヘッドフォンで音楽を聴いて泣き声を遮断するもよし、いっそ寝るのをあきらめて動画を見るもよし。パパに丸投げするのもいいですね。

\まとめ/

**ねんねの"トレーニング"をするのではなく
ねんねの"成長"を見守ろう**

枕

しなくていい

頭の形をよくするために、
赤ちゃんにはドーナツ枕を使う

するならこっち

小学生になるまで
枕は使わない

　ベビー布団セットを買うと、敷き布団、掛け布団、そして必ず小さな赤ちゃん用の枕がついてきます。でも、**赤ちゃんに枕は必要ありません。**

　私たちの背骨はＳ字型にゆるやかにカーブしています。枕を使うのは、寝ているときも立ったときと同じ姿勢を保ち、からだにかかる負担を最小限にするため。**背骨は10歳ぐらいでようやく大人と同じカーブができあがると言われているので、解剖生理学的にいうと乳幼児期に枕は必要ないのです。**

　一方で、頭の形をきれいに保つための「ドーナツ枕」という商品も売られていますが、これを使用することによって赤ちゃんの頭の形に有意差が出ることを示すエビデンスはありません。それどころか、アメリカ小児科学会では、乳幼児突然死症候群（SIDS）などを予防するためのガイドラインとして「赤ちゃんが眠る場所に毛布や枕などのやわらかいものは置かない」ことを推奨しています。消費者庁も、０歳児の就寝時の窒息死事故の原因として「寝具が顔を覆う・首に巻きつく」を挙げ、注意を呼びかけています。つまり、**「赤ちゃんの頭の形をよくしたい」という親心が、まかり間違えば窒息死の原因にもなりかねないのです。**

　私の経験上、乳幼児に枕を与えたところで、そこで朝まで寝ることはほとんどありません。枕は小学生になってからで十分です。「赤ちゃんに何が大切か」を忘れず、賢い選択をしてくださいね。ちなみに、後頭部が平らな"絶壁"は大多数が遺伝によるものなので、無駄な努力はやめてあきらめましょう。

まとめ

"見栄え"や"便利"よりも
子どもを危険から遠ざけることを最優先に

離乳食

5カ月になったら離乳食開始。
まずは10倍がゆから

するならこっち

まずは「食事ごっこ」として
おかゆをあげてみる

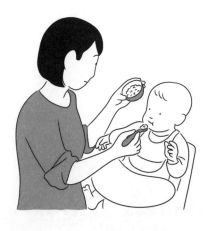

生活編

からだ編

しつけ編

コミュニケーション編

人間関係編

発達編

考え方編

　子育てをするうえで、ひとつの大きな関門といえるのが離乳食です。一般的に「生後5〜6カ月から」と言われていますが、これは、「5カ月をすぎたらすぐに始めなさい」ではなく、赤ちゃんの内臓への負担やアレルギーのリスクを考えて「5カ月になるまで待ってね」ということ。なかなか食べ進まない赤ちゃんなら、**離乳食開始が結果として生後7〜8カ月になってもなんの問題もありません。**

「初めは10倍がゆから」などと言いますが、10倍がゆって何？12人育ててきた私もわからん（笑）。最初の頃は"おかゆ"やったらそれでええねん。ちょっとツブツブ残ってるな〜な日や、今日はドロドロやな！　な日もあっていい。おかゆはお腹にもやさしいので、赤ちゃんが喜んで食べるなら、2杯、3杯とあげてOK。**今まで通りに授乳して、おまけとして"食事ごっこ"の時間をつくる。それで十分です。**

　そして、離乳食はそうスムーズには進みません。口に入ったものを全部べーっと出してしまう、昨日までめっちゃ食べてくれた食材を急に受けつけなくなる、ちょっとした生活リズムの変化で2回食が1回食に戻ってしまう……全部"あるある"だから、気にしなくて大丈夫。「今日は食材がないから1回でごめ〜ん」「今日はめんどくさいから2回とも同じメニューでごめ〜ん」「ご近所から梨をもらったから……あれ、これって4回食？　ごめ〜ん」。**ごめ〜ん、だらけのテキトー離乳食で、行きつ戻りつしながら、1歳半ぐらいまでかけてのんびりいきましょう。**

まとめ

離乳食はマニュアル通りに進めようとしなくていい
「食べてくれなくてあたりまえ」ぐらいの気持ちで

フォローアップミルク

しなくていい

生後9カ月をすぎたら
フォローアップミルクをあげる

するならこっち

母乳（ミルク）と離乳食を
しっかり与える

　一般的に、「9カ月から」とされるフォローアップミルク。赤ちゃんの体重増加のため、あるいは不足しがちな鉄分補給のために、与えたほうがいいのでしょうか？

　0カ月から飲める普通の粉ミルクには、缶に「母乳代替品」と書いてあります。一方、フォローアップミルクは「食品」。つまり、両者は根本的に違うものなのです。「食品」であるフォローアップミルクは、赤ちゃんの腎臓への負担が大きくなるので、**もし体重増加のためにどうしても飲ませたいのなら0カ月からのミルク**を選びましょう。

　ただし、生後5カ月頃までは体重が急激に増加していきますが、6カ月頃になると満腹中枢が発達し、母乳やミルクを飲む量が減少。起きている時間も長くなり、活動量も増え、それまでのような体重増加の勢いはなくなります。病気をするわけでもなく、元気に泣いて笑って、月齢通りの発達をしているのなら、体重の増減はそこまで心配しなくて大丈夫です。

　また、0歳台後半から1歳台前半は、貧血になりやすいとも言われます。これは、ママのお腹で受けとった鉄分を使い切ってしまうがゆえに起きる、生理的な現象です。

　鉄分の吸収率は、母乳からが50%、食品からが15〜20%、フォローアップミルクからが10%。つまり、**しっかり母乳が飲めて、離乳食も食べられているのであれば、わざわざフォローアップミルクを与える必要はない**のです。食事がしっかりとれるようになれば、鉄分不足は自然と解消されていきます。

!まとめ!
**6カ月〜1歳台前半は、体重増加の"停滞期"
元気にすごしているなら、フォローアップミルクは不要**

13

おやつ

✕ 添加物が気になるので、手づくりのおやつを与える

おにぎりやパンケーキをストック。市販のお菓子もOK

生活編

からだ編

しつけ編

コミュニケーション編

人間関係編

発達編

考え方編

「おやつは与えるべきですか?」。この質問もよくいただくのですが、「おやつ」ではなく「補食」と考えるとわかりやすいです。子どもは胃の容量が小さく、一度にそんなに多くは食べられないので、細切れにして少量ずつ食べる子が多いです。

　離乳食期の子は、離乳食を食べ、それを補う母乳やミルクもしっかり飲めている場合、栄養は十分にとれています。「7カ月から」などと書かれたおせんべいやビスケットも売られていますが、わざわざそれを買って与える必要はありません。

　1歳をすぎて完了食になったら、補食が必要です。手っとり早いのは小さいおにぎり。私がよくやっていたのはパンケーキ。小さく焼いて、冷凍庫に大量にストックしておく。解凍すればすぐに食べられるので便利だし、にんじんやほうれん草をすりおろして入れておけば栄養も満点です。

　そして、手づくりにこだわる必要はありません。もちろん、つくるのが好きな人はどんどんつくったらええし、「今日は余裕があるからつくろっかな〜」という日だけつくるのもいい。でも、普段は市販のもので十分です。

　3歳もすぎれば、子ども同士でお菓子を介したコミュニケーションが生まれます。そのとき、「うちはコレあげてないの」ばっかりやっていたら、親子ともどもすごしづらくなってしまいます。チョコレートやキャンディの解禁、見たことのない色のお菓子……ハードルは次々とやってきますから(笑)、心を楽に、臨機応変に対応していきましょうね。

まとめ

おやつは、小腹を満たす"補食"
難しく考えず、パッと与えられるもので十分

14

好き嫌い

しなくていい

調理方法を工夫するなどして
なんとか野菜を食べさせる

するならこっち

野菜を食べさせることに必死にならない。
自ら「食べよう」と思うときを待つ

　子どもが野菜を食べない件は、ママたちの永遠の悩みですよね。うちの12人の子どもたちは、同じように育て、同じように料理して、同じように食卓に並べたとき、比較的まんべんなく食べてくれる子もいれば、「私は絶対、好きなものしか食べへん！」と食わず嫌いを貫く子もいました。

　つまり、**子どもの「食べる」「食べない」は、単なる個性**なんです。大人にも人それぞれ食の好みがあるように、子どもに食のこだわりがあっても不思議ではありません。

　小さく刻んでも、凝った調理法を試しても、器用に野菜だけを指でつまんでポイッとされると絶望的になりますよね。無理に食べさせようとして、食卓が険悪なムードになったり。「もう食事をつくるのやめたい！」という気持ちにもなるでしょう。

　だからね、もういっそのこと、無理に野菜を食べさせることはあきらめちゃいましょう。**私の経験上、そんなにあわてなくても、そのうち食べられるようになります！**　豆腐が食べられるなら、タンパク質は十分とれています。お味噌汁を飲むだけでも、野菜のエキスがたっぷり溶け込んでいるので、栄養面での心配はありません。

　食べる努力ができるようになるのは「嫌いな野菜も、一口でもがんばって食べてみよう」という意識が芽生えてから。だから、**5歳、いや小学生ぐらいまで待ってあげてもいいかな。**うちの子は、そんな感じで全員、ちゃんと野菜が食べられる子に育ちました。気長にその日を待ちましょう。

\まとめ/
**いつか自分で「食べてみよう」と思える日がくるまで
野菜は“お供え”のつもりで盛りつけよう**

15

ストロー飲み

しなくていい

哺乳瓶 → スパウト → ストロー → コップ
の順で飲む練習

するならこっち

ストローよりも先に
コップ飲みの練習をする

　お茶や果汁などさまざまなものが飲めるようになってきた赤ちゃんの"飲むトレーニング"として、**哺乳瓶→スパウト→ストロー→最終的にコップ飲みができればゴール！　と思っていませんか？　実はこれ、間違っています！**

　母乳やミルクだけの時代は、舌を唇より前に伸ばして乳首に巻きつけ、波打たせて飲みます。飲み込むときは、舌は下あごにくっついた位置にあり、唇は開いたまま。ストロー飲みの口の形も、おっぱいを飲むときと同様に、舌は上あごにつかず、やや前に出る状態になります。

「1歳を超えたら断乳。哺乳瓶は1歳半まで」と言われるのは、乳首を吸うお口の形を続けることで、舌が唇を越えて前に出る→唇が閉まらず、舌が上あごにくっつかなくなり上手に飲み込めなくなる→口呼吸になり、風邪をひきやすくなる、歯並びに影響するなど口腔機能上のデメリットが考えられるから。

　とはいえ、赤ちゃんたちから哺乳瓶や授乳を奪ってしまうのは心苦しく、私は「1歳を超えたら断乳」とすすめるつもりはありません。しかし、ストローは、親がわざわざ教えなければ、赤ちゃんはその存在を知らずに済み、執着することもありません。つまり、あえて練習する必要はないのです。

離乳食期の赤ちゃんが練習すべきは、コップ飲みです。うまく飲めることをゴールにせず、気軽に試してみましょう。ストローデビューは、2歳頃まで待つのがベター。練習なんてしなくても、あっという間に飲めるようになります。

まとめ

**"飲むトレーニング"にステップアップは不要
いきなりコップ直飲みでいこう**

16

飲み物

しなくていい

✕

子どもが好きな 飲み物を与える

するならこっち

「喉が渇いたら麦茶か水」を 徹底する

　私が第1子を出産した20年以上前は、「生後2カ月になったら果汁をスタートさせましょう」という指導がありましたが、現在では、「果汁は離乳食開始からOK」というのが一般的な認識。アメリカ小児科学会では「子どもにジュース（＝果汁）を与えるのは1歳をすぎてから」を推奨しています。

　アメリカ小児保健・人間発達研究所の研究では、**乳児期からジュースなどを与えられていた子は、小児期に甘い飲み物の摂取量が増える傾向にある**と言われています。研究によると、生後6カ月未満で果汁を与えられていた赤ちゃんは、1歳以降で与えられた子に比べてジュースの摂取量が多くなるリスクが50％、炭酸飲料の摂取量が多くなるリスクが60％増加。さらに、1歳未満で果汁を与えられていた子は、1歳以降で与えられた子と比べて、1日あたりの水の摂取量が少ない傾向にあることも判明したそうです。

　子どもは味覚が未発達なので、濃い味を好みます。ジュースなどの甘い飲み物に慣れてしまうと、「味がしない」という理由で水を飲まなくなることも。ジュースでお腹が膨れれば、ごはんを食べる量も減ってしまいます。

　私にジュースを飲む習慣がなかったこともあって、わが家の冷蔵庫には麦茶とお水と牛乳しか入っていません。長年、「喉が渇いたら、とにかく麦茶かお水！」というのが徹底されています。そのぶん、お出かけや外食のときはジュース解禁！　"特別なもの"だからこそ、子どもたちのテンションも上がります。

まとめ

**ジュースは"喉をうるおすもの"ではなく
飲めるとうれしい"特別なもの"のポジションに**

17

お箸

しなくていい

早い段階から、
普通のお箸で食べる練習をする

するならこっち

持ち方が自然に身につくまで、
根気よく補助箸を使い続ける

生活編

からだ編

しつけ編

コミュニケーション編

人間関係編

発達編

考え方編

　4歳、5歳ぐらいになると、周りに上手にお箸を使える子が増えてきます。普段、補助箸を使うわが子の姿に慣れていると、お友達家族と一緒に食事をした際に「え！　〇〇ちゃん、もう普通のお箸を使えてるの！」と驚きますよね。小学校入学が目の前に迫ってくると、「うちの子、まだ補助箸しか使えない……どうしよう！」と慌てる人もいるかもしれません。

　でも、補助箸を使えているなら、そのまま使い続けていれば大丈夫です。**補助箸を1年、2年としつこいぐらいに使い込んで、自然にその持ち方ができるようになると、いつの間にか、普通の箸でも正しい持ち方ができるようになります。**うちの子たちは、みんなそうやってお箸の持ち方を身につけてきました。

　ひとりだけ、正しくない持ち方のまま中学生になっちゃった子がいて。中1のとき、「箸の持ち方を直したい」と言うので、中学生用の補助箸を買ってあげました。家で2～3カ月ぐらい使ったのかな、今ではすっかりきれいな持ち方になっていますよ。それだけ、補助箸には意味があるということですね。

　小学生になっても、上手にお箸が使えない子はいます。学校にも補助箸を持って行ってもかまわないとは思うのですが、本人が恥ずかしがるかもしれませんね。そういう場合は、学校では普通のお箸、家では補助箸と使いわけてもいいでしょう。

　お箸の持ち方は、正直言って長期戦です。正しい持ち方をあせって身につけさせようとせず、年単位でのんびり覚えてもらえればいいと思います。

\まとめ/

**普通のお箸を持たせるのは
補助箸を自在に使いこなせるようになってから**

18

衛生観念

しなくていい

ほこりを口に入れないよう、
部屋は常にきれいに磨き上げる

するならこっち

多少のことはおおらかに見守る。
ただし誤飲には注意する

　寝返りやずりばい、はいはいを体得して、自由に動き回れるようになった赤ちゃん。なんでも手にとってお口に運んでしまう様子に、ママはいつもヒヤヒヤ。毎日床をピカピカに磨き上げ、神経をすり減らして赤ちゃんを監視。心が休まる暇はなく、うれしいはずの成長を恨めしく思ってしまう……多少大げさに書きましたが、こういうママは案外多いのではないでしょうか。

　赤ちゃんがなんでも口にするのは、人間のもっとも原始的な探求活動である"触覚"を使って、世界のあり方を発見する大切な行為だからです。赤ちゃんもある程度の免疫力は持っていますから、あまり神経質にならずに、おおらかに見守って大丈夫。**むしろ、なんでも口に運ぶ乳幼児期こそ、免疫力を高める大事な時期。適度に細菌と接することで、強いからだがつくられていきます。**過度な清潔、過度な除菌は、そうした機会を赤ちゃんから奪ってしまうことになりかねません。

　うちの子たちはなぜかスリッパが大好きで、ベロベロに舐め回していましたが、何事もなく元気にすくすくと育っています。兄ちゃん姉ちゃんらの学校のプリントも、何枚かじってダメにしたことか（笑）。大事なものはそこらに置かんといて～！

　ただし、**手でOKサインをつくったときの人差し指と親指の丸の大きさ以下の小さなものは、誤飲の危険**があるので要注意。棚をロックするためのグッズなども売られていますが、この機会に、「腰より下の位置には危険なものを置かない」ことを意識した部屋に大胆な模様替えをしてしまうのがおすすめです。

まとめ

**子どもの免疫力を信じ、
子どもの探求心を妨げないようにしよう**

19

お風呂

しなくていい

耳にお湯が入らないように、
ママの指で耳を押さえる

するならこっち

頭からシャワーを
豪快にかける

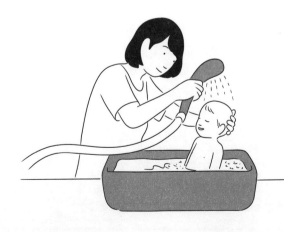

生活編

からだ編

しつけ編

コミュニケーション編

人間関係編

発達編

考え方編

　第1子を育てていた頃、お風呂は本当に神経を使う苦行でした。目に石けんが入ったらかわいそうだし、耳にお湯が入って中耳炎になったらどうしよう……と、細心の注意を払って子どものからだと頭を洗う日々。ポーズはもちろん、お姫さま抱っこで美容室洗いの「どこのセレブやねん」状態（笑）。

　ほんの数滴しぶきが顔にかかったり、顔に向かって水がひと筋流れたりするだけで、「ぎゃーーーーーー!!!」と、まるでこの世の終わりかのような大絶叫。シャンプーハットも導入してみましたが、頭にうまくフィットしないと、隙間からお湯が顔へ流れて結局パニック……。その後、第1子の「お水が怖い」を克服するのには、だいぶ苦労させられました。

　そこで、下の子たちは大きく方針転換。**「お風呂は、顔にお湯がバシャバシャかかるものなのだよ」**ということを、**最初からあたりまえのようにインプット**することにしたのです。一説には「無理やり水をかけるとトラウマになり、水嫌いになる」とも言われているようですが、わが家の場合、2人目以降の11人とも、この方法で水に慣れることに成功しています。

　もちろん、**普通にシャワーを使うぐらいで中耳炎になることはありません。**鼓膜への負担がかかるため、耳を押さえるのもやめたほうがいいでしょう。

　シャンプーハットなんて過保護な商品は使う必要ありません。ちょっとくらい目にしみようが、泣こうがわめこうが、気にせずスパルタでいきましょう！

まとめ

**過保護こそ「水嫌い」を助長する
赤ちゃんの頃から水に慣れさせよう**

20

洗濯

しなくていい

**大人と子どもの洗濯物をわけ、
赤ちゃん用の洗剤で洗濯する**

するならこっち

**肌トラブルがなければ、
大人のものと一緒に洗濯する**

　洗浄料や保湿剤など、**肌に直接つけるものはできるだけ刺激のないもの**を使いたいというのが私の考えです。洋服なんかは何でもいいと思っているのですが、毎日毎日くり返し肌につけるものだけは気を使いたいもの。

　お風呂でからだを洗うときは、子ども用の肌にやさしい洗浄料を選びましょう。洗浄力が強すぎるものは、大切な皮膚の常在菌まで殺してしまうのでおすすめしません。そして、**スポンジやタオルなどは使わず、ママやパパの手のひらでやさしく洗ってあげてください。**首、脇の下、お股、足など汚れやすい部分だけをよく洗い、あとはなでる程度でOK。湯船にしっかり浸かれば、汚れは自然と落ちていきます。

　衣類用の洗剤や柔軟剤にもやさしい成分のものがいろいろと出ていますから、ぜひ使ってあげましょう。それをずっと使い続けるというのも、ひとつのやり方です。しかし、大人のものと赤ちゃんのものをわけて洗濯するのは、正直大変。だから、**1歳をすぎたら、一度大人のものと一緒に洗濯**してみてください。それを実際に着せてみて、赤くなっていないか、湿疹が出ていないか、かゆがっていないかなどを慎重に見てあげて、問題がないようなら赤ちゃん用洗剤は卒業でいいと思います。

　肌が強い子もいれば、アレルギーが出やすいタイプの子もいて、「何歳何カ月になったらOK」というのは一概には言えません。だから、「一度、試してみる」というやり方で、その子に合ったタイミングを見極めてあげてほしいと思います。

\まとめ/

子どもによって体質はそれぞれ
一度試してみて、その子に合ったタイミングを見極めよう

21

肌着

しなくていい

汗を吸いとるために、
夏でも肌着を着せる

するならこっち

汗をしっかり吸いとってくれる
綿素材の服を選ぶ

生活編

からだ編

しつけ編

コミュニケーション編

人間関係編

発達編

考え方編

　年々暑くなる日本の夏。そこで気になるのが「子どもの肌着問題」です。助産院にやってくる赤ちゃんたちを見ていても、肌着を着せられている子、着せられていない子は、きれいに二手にわかれていました。

　そもそも肌着とは、「肌に直接触れる服」と定義されており、素材や形についての決まりはありません。そして、夏の子ども肌着の最大の役割は「汗とり」。であれば、**汗をしっかり吸いとってくれる綿素材の服を着せてあげれば、わざわざ肌着をプラスする必要はない**のです。ベストは「綿100%」。

　化成繊維など、汗を吸いとらない素材を着せるときには肌着が必要ですが、最近の生命の危険さえ感じる猛暑の中、服を2枚も着るのは大人でもしんどいですよね。真っ赤な顔をして大汗をかいている子どもに2枚も着せるのは、少しかわいそうに感じます。

　汗をかいたままにしておくと、子どもはあっという間に体温を奪われてしまいます。特に赤ちゃんは要注意。**肌着を着ていようと、着ていなかろうと、汗をかいたらこまめに着替えさせてあげることを意識しましょう。**

　肌着を着せるか、着せないか問題。結局、どちらが正解というものではなく、「どんな素材の服を着せるか」というところにたどり着きます。つい、デザインを重視したくもなりますが、「子どもにとって着心地のいいもの」という基準で選んであげてくださいね。

まとめ

着心地のいい綿100％のTシャツで猛暑を少しでもすごしやすくしよう

22

靴の選び方

しなくていい

靴はすぐにサイズアウトするので、
プチプラで賢く購入

するならこっち

服はお下がりでも、
靴だけはきちんとしたものを購入

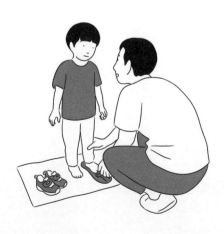

生活編

からだ編

しつけ編

コミュニケーション編

人間関係編

発達編

考え方編

　洋服はボロボロのお下がりばかりのわが家ですが、**靴だけにはお金をかけています。**というのも、間違った靴を履かせてしまうと、足はもちろん、膝や腰、さらには内臓の働きにまで影響を与える可能性があるから。

　上の子がサイズアウトした靴を履かせていた第3子は、小学生の頃から足の痛みをたびたび訴えていて、高校生のときに、極度の扁平足が原因だったことが判明。先天的な足の形などもあるので、一概にお下がりだけが原因とはいえませんが、靴はそれだけ重要だということですね。わが家の苦い思い出です。

　お下がりだけでなく、手頃な価格やおしゃれなデザインを重視した靴選びもやめたほうがいいでしょう。特に、女の子はキラキラの靴などを履きたがりますが、どうしてもほしがるなら、家の中でおままごとの一環として履かせるのはどうかな？

　靴選びのポイントは、**アパレル系のブランドではなく、しっかりした靴のメーカーを選ぶこと。**メーカーごとに特色があるので、幅広、甲高など、一人ひとりの足の形に合うメーカーを知っておきましょう。

　そして、**必ずシューフィッターさんに足のサイズを正確に測ってもらうこと。**大型のショッピングモールなどに入っている靴店ならやってもらえると思います。かなり大きくなるまで、子ども自ら「キツくなってきた」と言ってくることはまずないので、定期的に測るのがおすすめ。マジックテープは消耗品なので、ゆるくなってきたら買い替えどきといえるでしょう。

\まとめ/
**足腰の健康は靴の選び方で決まる
子どもの今のサイズに合った靴を、惜しみなく買おう**

23

トイレトレーニング

しなくていい

2歳の夏までに
おむつを外す

するならこっち

子ども自身がトイレに
興味を持つまで待つ

生活編

からだ編

しつけ編

コミュニケーション編

人間関係編

発達編

考え方編

　実は私、トイレトレーニングというものをしたことがありません。12人育てて思うのは、**ほったらかしていても絶対におむつは外れるということ。**時期で言うと、**3歳のお誕生日前後**が多いかな。**この頃になると、子どもは自ら「パンツはく！」と言い出すので、ここがチャンス。**膀胱の機能もだいぶ発達してきているので、すんなりおむつ卒業につながることが多いです。

　1歳、2歳から「トレーニング」として始めてしまうと、どうしても失敗が多くなり、子どももママもストレスだらけ。「園では成功している」という子は、外ヅラと内ヅラをうまく使いわけているのかも。園ではがんばっているのだから、**家では無理せずおむつをはかせてあげましょう。**

　だいたい、他の子より半年、1年早く外れたところで、人生になんの影響もありません。就職面接で「僕は2歳でおむつが外れました！」「ハイ、採用！」とはならんよね（笑）。しいていうならママの心の安定、育児の自信にはつながるかもしれないけど、そこに至るまでの負担が母子ともに多すぎます。どうしてもトレーニングしたいなら、**失敗されても「あーあ」「もうッ！」って絶対にならない覚悟**ができてから始めましょう。

　育児の常識は常にアップデートされていて、今は全体的にゆっくりめなのが主流です。「入園までに外してきて」という幼稚園もあるようですが、「現代の育児のトレンドを知らない、そんな園で本当にいいのか？」というところから考え直してみてもいいかもしれません。

\まとめ/ **おむつが人より半年、1年早く外れても特に意味はない
「パンツはく！」と言うまで、ひたすら待ちの姿勢でOK**

24

入園までの準備

しなくていい

入園前に、生活習慣を整えて
他の子に遅れをとらないようにする

するならこっち

新生活を楽しむ
気持ちを持つ

初めての保育園、幼稚園。入園を目前にすると、ひとりでトイレに行く練習、ごはんを自分で食べる練習などをさせがちですが、実はその努力、一切必要ありません！

たとえば3歳で幼稚園に入園する場合。おむつが外れていなくても、「トイレに行きたい」という意思を示せるのならそれでOK。入園すればあっという間に外れます。名前を呼ばれて「ハイ」と返事ができなくても問題なし。恥ずかしがり屋の子、積極的な子、先生たちはどんな子にも上手に対応してくれます。

ママの不安は、子どもに確実に伝わります。「こんなに小さいのに、保育園に入れてしまってごめんね……」と思っていれば、子どもは敏感に察して「え、僕ってかわいそうなの？」と思うようになる。ママが「この子は幼稚園でやっていけるのかな……」と不安に思えば、「幼稚園って怖いところなのかな」と思う。**だから、入園準備としてママにやってほしいのはただひとつ、「保育園、幼稚園は楽しいところだよ」と伝えることだけ。**

「幼稚園の制服、めっちゃカッコいいな！」「お庭めっちゃ広いんやで。遊具もいっぱいあって、毎日遊べるらしいで」「先生ってやさしいんやって」と、とにかく子どもが楽しみになるような情報を伝えていく。なんとなくを装って園の前を通り、園児たちが外遊びをしている様子を見せるのもおすすめです。

グッズ系の準備は、裁縫を外注したり、お名前スタンプを使ったりするのもいいでしょう。そして、二度と戻らない入園前の貴重な時間を、親子でたっぷり楽しむのもお忘れなく。

まとめ
"入園前の準備"よりも
"ママの心の準備"を万端に

25

声がけ

しなくていい

✕

「早く！ 急いで！」と
声をかける

するならこっち

具体的に何をしたら
いいのかを伝える

もぐもぐ
しょうね

　バタバタと朝の支度を進めているとき、なかなか食べ進まないとき、寝るまでのルーティンに手間どっているとき。**子どもに早く動いてほしくて「早く！　急いで！」と言ってしまっていませんか？　これ、実は逆効果です。**

　「早く」「急いで」というのは、子どもにとって抽象的な言葉。「急いでほしいのはわかるけど、じゃあ、何をどうしたら？」と頭の中はハテナマークだらけです。**急いでほしいなら、「具体的に何をしたらいいのか」というのを、こと細かに伝えましょう。**

　「ほら、そのおててに持っているパンをお口に入れて、もぐもぐしよう！」。または、「さあ、トイレに行っておしっこできるかな〜？」「手を止めずに最後までごはん食べられるかな〜？」のような、子どものチャレンジ精神をくすぐるような言い方もいいですね。ママも、いかに「早く」「急いで」を使わずに伝えられるか、ゲーム感覚でやってみましょう。

　「でも、小学生にもなれば、なんでも自分でやるようになるでしょ？」と幼児のママは思っているかもしれませんが、期待を打ち砕くようだけど、2〜3年生まではできひんな（笑）。親と子の根気比べは、まだまだ続きます。

　「なんでできないの！」「この前も言ったでしょ！」という声がけは、子どものことを否定することにつながり、心を荒ませるだけなのでなるべく避けて。わが家でも、「早く」「急いで」と言いまくってしまった上の子たちより、「○○できるかな？」で接した下の子たちのほうが、自己肯定感は高いように思います。

まとめ

子どもを思い通りに動かそうとするのではなく、どう動けばよいかを具体的に示そう

26

登園しぶり

しなくていい

✕

「なんで?」と詰問し、
なんとか行けるように仕向ける

するならこっち

「そっか、行きたくないんだね」と
まずは気持ちを受け止める

ママも〜

行きたくない

毎日、登園するのを嫌がる子がいます。でも、大人にも、「あ〜今日は仕事行きたくない」「ごはんつくるのしんど〜」という日がありますよね。動き出すまではつらいけど、いったんスイッチが入ればからだは動く、みたいな。子どもも同じです。

スムーズに登園してほしいママは、つい「○○先生も待ってるよ！」と丸め込もうとしたり、「ママを困らせないで！」と感情的になってしまったり。「なんで行きたくないの？」と詰問口調になってしまうこともあるでしょう。でも、「スムーズに行ってほしい」というのはあくまでママ側の論理です。

大切なのは、「行きたくない」という子どもの気持ちに寄り添うこと。「そっか、行きたくないんやな」と話を聞くうちに、行きたくない理由をポツポツと話し始めることもあります。そうしたら、「先生に挨拶するの、キンチョーするんやな」「あの子がちょっとニガテなんやな」と、**子どもの気持ちの要点をまとめてあげましょう。**このやりとりの中で、ママと子どもの間に確かな信頼関係が芽生え、「よし、行ってみるか」と一歩を踏み出す力につながります。

どうしても嫌がるようなら、休ませるのもアリだと個人的には思います。長い人生、保育園・幼稚園の休みグセぐらいなんの影響もありません。休ませるのが難しい場合は、とりあえず送って、園の先生にパッと預けてあとはバトンタッチ。ママの姿が見えなくなれば、子どもの気持ちは切り替わります。先生とのコミュニケーションを密にして、子どもを見守りましょう。

〔まとめ〕
尊重すべきは登園する子ども自身の意思
「行きたくない」という気持ちに耳を傾けよう

27

お昼ごはん

しなくていい

栄養バランスのとれた
お昼ごはんを毎日考える

するならこっち

お昼ごはんは
テキトーに済ませる

生活編

からだ編

しつけ編

コミュニケーション編

人間関係編

発達編

考え方編

　ママの永遠の悩み、土日のお昼ごはん問題。夏休みや冬休みは、毎日それがのしかかってきます（休み明けは毎回、給食のありがたみに感謝します）。ましてや、まだ保育園や幼稚園に行っていない子が家にいると、365日毎日のこと。

　私の場合、長期休みの期間は、毎日頭の中がパンク寸前です。朝ごはんを準備しながら、数時間後のお昼ごはんも同時に準備。前日、夕食のおかずを多めにつくって翌日のお昼に回してみたり、ときにはスーパーのお惣菜を買ってきたり。何しろ大家族なので、毎日市販のお弁当にしたら出費がすごすぎる……。

　2020年春、新型コロナウイルスの流行で一斉休校・休園になった際は、このお昼ごはん問題が私も含め全国のママを苦悩させました。当時、助産院にやってきたママたちにリサーチしたところ、「納豆ごはん」「麺類」「どんぶり系」「レトルトカレー」「チャーハン」あたりのメニューをぐるぐるローテーションしているという家庭が多いようでした。

　毎回「お茶漬け」「レトルトカレー」「チキンラーメン」の3択、という3兄弟のママもいたなぁ。これなら全員が違うものを選んでも腹は立たないし、子ども自身が選ぶんだから文句は受けつけないそう。子育ての達人やなぁと感心しました。

　お昼ごはんなんて、このぐらいテキトーでええんやって。「栄養バランスが」なんて心配せんでも、朝も夜もいろいろ食べてるし、午後からのパワーを充電できればそれで十分。ママのパワーも、お昼ごはんの準備なんかで使いすぎないようにね。

まとめ 「テキトーお昼ごはん」で
ママも子どもも午後からのパワーを充電しよう

28

弁当

しなくていい

子どもが喜ぶキャラ弁を
つくってあげる

するならこっち

子どもに寄り添った
"お弁当らしいお弁当"をつくる

生活編

からだ編

しつけ編

コミュニケーション編

人間関係編

発達編

考え方編

　子育て歴25年、これまで数えきれないほどのお弁当をつくってきた私ですが、**頑なに手を出さなかったのが「キャラ弁」**。キャラクターに似せるために「子どもはこんなん食べんやろ〜」という食材や、添加物だらけになるのを避けたかったし、何せつくる数が多いから無理やねん！

　子どものお弁当は、子どもに寄り添った"お弁当らしいお弁当"がいちばん。アンパンマンポテトやミッキー型のナゲット、絵柄入りのかまぼこなどをうまく使えば、あっという間にできあがり。冷凍食品もバンバン使います。**ウインナーをタコさんに、リンゴをウサギさんにしてあげるだけでも子どもは大喜びです。**

　こうして長年、「うちはうち！」を貫いてきたわが家ですが、ママ歴も長くなり、心にゆとりが生まれてきたこともあって、実は、ここ数年でキャラ弁を解禁！　検索して出てくる完成度の高すぎるキャラ弁の数々に「こんなんお弁当ちゃうやろ、アートやろ」とツッコミを入れつつ、参考にできるところはとり入れながら、年代別のキャラクターのお弁当を作成。

　帰ってきた子どもたちには、「遠足どうやった？」よりも先に「お弁当どうやった？」。上の子たちには「どう？」と写真を送りつけ、「すごいやん」「やるやん」の賞賛をもらって承認欲求を満たしました(笑)。はい、おわかりですね。**キャラ弁は「子どものため」と言いつつ、ママの自己満足のためのもの。**子どもは「ママがつくってくれたお弁当」なだけで、どんな内容でもおいしく食べてくれるはずです。

まとめ

キャラ弁をつくるなら「自己満足」と割り切って子どもが好きなものが詰まったお弁当がいちばん

29

連絡帳

しなくていい

毎日、時間をかけて
連絡帳を書く

するならこっち

元気なら
「今日も元気です」の一言だけ

そう言えば 昨日…

〇月〇日

今日も元気です！

先生は手首大丈夫ですか？

お大事にしてください。

　保育園に通っていると、だいたい2歳までは連絡帳の記入が求められます。まだ満足にしゃべれない0〜2歳児、連絡帳は先生と保護者をつなぐための大切なツールですが、毎日となると大変。「何を書けばいいかわからない」と悩む人も多いようです。

　苦手意識のある人は、もっとシンプルに考えましょう。**先生が連絡帳から知りたいのは、子どもの体調です。**体調がいい日は「今日も元気です」の一言でいいのです。「鼻水出てます」「ちょっと睡眠不足です」とかも挟みつつ、毎日「今日も元気です」でまったく問題ありません。

　ちなみに、私が心がけているのは、先生をいかにクスッと笑わせるか。「最近、お肌のシミとシワが気になります。先生は子どもたちと毎日お外で遊んでいるのに、どうしてそんなにお肌がきれいなんですか!?　あ、ねねちゃんは今日も元気です」みたいな。これは連絡帳歴20年以上（！）のスキルなんで、無理して真似せんでもええけどな（笑）。

「今日も食べるのが遅かったです」「今日もお友達と遊びませんでした」と、ネガティブ情報ばかり伝えてくる先生には、自由記述欄を大いに活用して、「家ではこんなことができました！」「この子はこんなことが得意です！」と、できるだけポジティブな情報を伝えるようにしましょう。先生も人間ですから、ポジティブで返されるとネガティブは返しにくくなります。

　連絡帳は、先生と保護者がそれぞれの立場で、子どものいいところをやりとりする場であるべきだと思います。

\まとめ/

 連絡帳は、子どもの体調をシンプルに伝えたうえで先生とのポジティブなコミュニケーションの場に

CHAPTER

2

からだ編

30

保湿

しなくていい

肌トラブルが起こったら、
何も塗らない

するならこっち

どんな肌、どんな季節でも
保湿は必須

ウフフフ…

今は、多くのママが保湿の重要性を理解し、赤ちゃんの頃からお風呂上がりのスキンケアに精を出しています。しかし、夏場は「汗や皮脂でうるおいは十分」と思い込み、保湿をおろそかにしていませんか？ エアコンや紫外線、汗の蒸発などで、肌の内部は乾きやすく、外はベタベタ、中はカラカラ。子どもの肌は大人の半分ぐらいの薄さしかなく、バリア機能も未熟なため、夏こそ肌の水分があっという間に失われてしまいます。これが「インナードライ」です。

乾燥すると、衣類の繊維が刺激となり、肌荒れの原因に。さらに、バリア機能が低下し、肌の表面に流れ出た汗が乾燥した肌に再び染み込むことで、炎症＝あせもにもつながります。

だから、**夏は冬場以上に保湿を意識しましょう。**保湿された健康な肌は、角層の水分が保たれているため汗の影響も受けにくく、あせもの発生が抑えられます。

そして、<u>もしあせもができてしまったら、そのときこそしっかり保湿することが重要</u>です。これは、他の肌トラブルでも同じ。ポツポツ、ジュクジュクしている肌を見ると、「何も塗らないほうがいいのでは？」となんとなく思いがちですが、保湿剤、あるいは処方された薬があるならそれを適切に塗ることが、子どもの肌を守ることにつながります。

ちなみに、あせも予防として昔よく使われていた「ベビーパウダー」は、汗腺をふさいでしまい、逆に肌トラブルの原因になるので、あまりおすすめしません。

 まとめ 1年通して、とにかく保湿！
肌トラブルから子どもを守るのはうるおいである

31

肌荒れ

しなくていい

ステロイドは
怖いから避ける

するならこっち

指示された用法・用量を守り、
正しくステロイドを使う

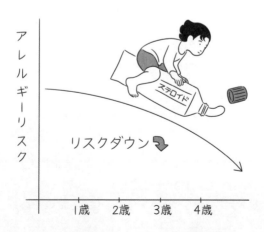

アレルギーリスク

リスクダウン

|1歳　　2歳　　3歳　　4歳

　子育てしているとどこからか耳にする「ステロイドは怖い」という説。確かに、薬ですから当然、副作用はありますし、"脱ステロイド"派の医師も少数ながら存在します。しかし、**「ステロイドは怖くありません、正しく使いましょう」**というのが現在の医学界の定説です。

　0歳から1歳までの肌トラブルをまとめて乳児湿疹と呼びますが、**この乳児湿疹のケアに欠かせないのが、前項でも言った通り保湿です。**そして、保湿だけではケアしきれない状況になると、皮膚科を受診し、処方されたステロイド剤を使う必要が生じてきます。ステロイドで一度バシッと強く症状にアプローチし、治まったらやさしい保湿剤に戻す。このくり返しで肌をいい状態にキープしていきます。

　こうして、赤ちゃんの肌荒れを乳児湿疹という生理的現象にとどめ、**できるだけきれいな状態の肌で1歳を迎えることが重要**です。きれいな肌には、外的刺激を跳ね返す力があります。一方、荒れた肌を放置したままだと、**花粉や食べ物、皮膚への刺激などをとり込んでしまい、アレルギー発症の原因**になりかねません。

　ステロイドを処方されたら、医師から言われた用法・用量を守って正しく使いましょう。「怖いから使いたくない」という人は、医学的なメカニズムもしっかり勉強し、中立的な立場の考えなどもいろいろと聞いたうえで判断してくださいね。「なんとなく怖い」程度で使わないというのはおすすめしません。

まとめ

**保湿&ケアの目標は
1歳をできるだけきれいな肌で迎えること**

32

アレルギー

しなくていい

少しでも反応のあった食材は、
完全に除去する

するならこっち

心配な食材は、体調のいい日に、小児科が
開いている時間帯に少しずつ与える

　離乳食が始まると、アレルギーの疑いがある食材に出合うことがあります。もちろん、「顔が真っ赤になって腫れ上がる」「呼吸がゼーゼーと苦しそう」といった症状が出ている場合は直ちにやめるべきですが、ポツポツが出ている、多少赤くなる程度であれば、完全に除去する必要はありません。少量ずつ、継続的に与えることで免疫をつけていくという考え方もあります。

　心配な食材を与えるときは、必ず体調のいい日を選び、小児科の開いている時間に試しましょう。万が一重篤な症状が出た場合は、すぐに病院へ連れていくこと。

　また、アレルギー検査についての質問もよくいただきますが、**基本的に、なんらかの症状が出た人以外は必要ありません。**実は、アレルギーの血液検査と「実際に食べて症状が出るか」は完全にリンクしているものではなく、検査してみると、乳製品なんかは多くの子が６段階中２程度の数値が出るでしょう。これをすべて気にしていたら、食べるものがなくなってしまいます。

　医師に相談する場合は、呼吸器科か、アレルギー科を掲げる小児科を選ぶのがいいでしょう。アレルギーに対する考え方は医師によっても異なることが多いので、診察では遠慮せず、ママが納得のいくまで先生に質問してくださいね。

　アレルギーは、小学校入学の６歳までにはほとんどの子が治るとも言われています。過度な除去に走ることなく、「体調のいい日に、少しずつあげていく」という基本を押さえておいてくださいね。

\まとめ/

症状が出ていなければ、アレルギー検査は不要
過度な除去をせず、少しずつ強いからだをつくっていこう

33

花粉症

しなくていい

鼻水が出ていたら、
市販の薬を飲ませる

するならこっち

鼻の粘膜にワセリンを塗り、
体内に花粉が侵入するのを防ぐ

生活編

からだ編

しつけ編

コミュニケーション編

人間関係編

発達編

考え方編

　いまや国民病とも言われている花粉症。イメージとしては、からだの中にコップがあって、そこにどんどん花粉がたまっていくと考えてください。アレルギーを持っていない人は、たまる前に底を開けて、花粉を排出することができます。ところが、アレルギーの人は底を開けることができず、たまった花粉があふれてしまう。これが、いわゆる花粉症の発症です。

　早いと3歳くらいで発症してしまう子もいます。目をかゆがっている、お鼻がグズグズしているのを見て、「これは花粉症じゃない！　ちょっと風邪気味なだけよね……？」と思いたくなる気持ちも、痛いほどわかります。

　ですが、**もし発症してしまったのなら、一刻も早く適切に対処**してあげましょう。子どもでも飲める抗アレルギー薬がありますので、病院で処方してもらうといいでしょう。症状を緩和してあげることで、子どもは快適に生活できるようになります。

　発症を少しでも遅らせたいなら、鼻の粘膜にワセリンを塗りつけてあげるのがおすすめ。油分で粘膜を保護し、花粉が鼻から体内に侵入するのを防ぎます。マスクや花粉用のメガネをかけるのもいいでしょう。

　花粉が飛ぶのは、だんだんあたたかくなってくるいい季節に重なります。花粉を避けて家に閉じこもるというのは無理な話で、子どもの健全な発育のためにもよくありません。ですから、できる対策はなるべくして、花粉症の発症を遅らせる、あるいは症状を和らげることで、なんとかこの季節を乗り越えましょう。

まとめ

花粉症は避けることのできない国民病
鼻の粘膜保護＆マスクで、発症を少しでも遅らせよう

34

日焼け止め

しなくていい

クレンジングが大変なので、少しの外出なら日焼け止めは塗らない

するならこっち

生後2カ月から日焼け止めはしっかり塗る

生活編

からだ編

しつけ編

コミュニケーション編

人間関係編

発達編

考え方編

　初夏の日差しが強くなる頃、毎年のように寄せられるのが「赤ちゃんに日焼け止めは必要？」という質問。**短時間の外出であっても、必ず塗ってあげてください**というのが私からの回答です。昔は「赤ちゃんには日光浴をさせるべき」と言われていましたが、近年、春から夏にかけての日差しは紫外線がとても強く、短時間浴びるだけでも大きな刺激があります。生後2カ月以降、外に出るようになったら日焼け止めは必須です。

　SPF10〜15程度、強くても20までのものを選びましょう。スプレータイプは噴霧したときに吸い込んでしまう恐れがあるので、一般的なクリームタイプのものがおすすめです。

　そして、**必ず「紫外線吸収剤不使用」のものを選んでください**。「吸収剤」とは、紫外線を吸収し、肌の上で化学反応を起こすことで日焼けを防止するもの。一方、紫外線を物理的に反射させる「反射剤」を使用しているものは、比較的肌にやさしいのが特長です。パッケージに「ノンケミカル」と表記されていますので、よく見て選びましょう。

　こまめに塗ることを心がけ、お風呂では石けんを使ってきちんと落とすこと。日焼けは水分が蒸発して乾燥している状態ですので、お風呂上がりにはしっかり保湿してあげてくださいね。

　肌が弱いなどの理由で日焼け止めを塗れない際は、**抱っこ紐＋日傘で、赤ちゃんを日差しからなるべく守ってあげる**ようにしましょう。ノースリーブではなく半袖、短パンではなく薄手の長ズボンを選んで露出を控えるようにするのも効果的です。

\まとめ/
現代の夏の育児に日焼け止めは必須
SPF10〜15、ノンケミカルのものをこまめに塗ろう

35

予防接種

しなくていい

副反応が怖いので、
必要最低限のものだけ打つ

するならこっち

定期接種になっているものは、
スケジュール通りに打つ

予防接種スケジュール

		0歳	1か月	2か月	3か月	4か月	5か月	6か月
B型肝炎			①-② →					←
ロタウイルス	1価			①-② →				
	5価			①-②-③ →				
ヒブ			①-②-③ →					
小児用肺炎球菌			①-②-③ →					
四種混合(DPT.IPV) 三種混合・ポリオ			①-②-③ →					
BCG								

生活編

からだ編

しつけ編

コミュニケーション編

人間関係編

発達編

考え方編

　ネットや書籍には、ワクチンに関する玉石混交の情報が数えきれないほど載っています。「ワクチンは怖い」と思ってしまうのも無理はない、という情報もたくさん目にしますよね。

　過去には天然痘やポリオ、麻疹といった感染症で、実にたくさんの命が失われてきました。ところが、ワクチンの開発によってこうした感染症が抑え込まれた結果、そのありがたみが薄れ、副反応ばかりに着目してしまうようになったのでしょう。

「今はほとんどない病気」であっても、根絶宣言に至っていない疾病であれば、いつ再度大流行してもおかしくはありません。**予防接種を受けることは、自分自身だけでなく、周囲の人を守ることにもつながるのです。**

　私は、保護者のワクチン不信によって予防接種をしなかった子が感染症によって亡くなったケースを、これまでにいくつも見てきました。そして、「予防接種は打つべきではない」とあおった人たちは、最悪の事態になっても責任はとってくれません。さらに、ワクチン未接種だと医療系の実習を受けられない、旅行先に制限があるなど、わが子の未来のドアを閉ざしてしまうことにもなりかねないという事実も知っておきましょう。

　同様に、4カ月、1歳半、3歳など節目の健診受診も親としての務めといえます。視力や聴覚など思ってもいなかった異常が明らかになり、早期に対応することがカギになることもあります。もしそこで「様子を見ましょう」と言われても、ママの違和感が拭えないのなら専門機関の受診をおすすめします。

まとめ

**自分自身、そして全人類を感染症から守るワクチン
子どもの未来を閉ざさない選択を**

36

歯みがき

しなくていい

歯が生えてきたら
しっかりすべて歯みがきをする

するならこっち

優先は上の歯。
歯ブラシを使うのは1歳半から

生活編

からだ編

しつけ編

コミュニケーション編

人間関係編

発達編

考え方編

歯みがきを嫌がるお子さん、多いですよね。どうしても嫌がってしまう場合、最低限、寝る前にお茶か水を飲ませてあげましょう。それだけでも、口内の汚れはだいぶ流れていきます。

そして、常に唾液にさらされている下の歯に比べ、虫歯になりやすいのは断然、上の歯。だから、**せめて上の歯だけはケアしましょう。**歯ブラシではなく、ガーゼで拭うだけでも効果的。逃げようとする子どもの隙を逃さず、「せーの、キュキュキュ！」と３秒だけでもOK！　ママもゲーム感覚で楽しみましょう。

歯ブラシを使った仕上げみがきをするのは１歳半からでかまいません。１歳半健診でフッ素塗布を案内されるので、そこが本格的なケアのスタート。**以後３〜４カ月に１回、歯医者さんでフッ素を塗布してもらうと、虫歯予防にかなり効果的**です。

うちの子が園で聞いてきた「トゥースフェアリー」のお話もおすすめ。抜けた乳歯を枕の下に置いておくと、妖精がやってきてコインと交換してくれるという西洋の習慣だそう。ただし、きれいな歯じゃないと交換してもらえないので、子どもは一生懸命歯みがきをするようになります。ちなみに、わが子の歯も（私によって）無事、コインと交換してもらえました（笑）。

そして、虫歯菌が子どもに移行しないよう、大人の唾液との接触を避けるという考えが定着していますが、あまり神経質になりすぎなくてもいいと思います。できる範囲で気をつけつつ、たまにおでこやほっぺにチューぐらいはいいんじゃないかな。

まとめ

**虫歯になりやすい上の歯を中心にケアを
定期的なフッ素塗布が効果的**

37

風邪

しなくていい

風邪は絶対に
ひかせないようにする

するならこっち

どんなに気をつけていても
風邪はひくものと心得る

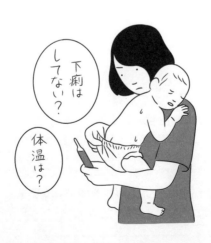

下痢は
してない？

体温は？

生活編

からだ編

しつけ編

コミュニケーション編

人間関係編

発達編

考え方編

　胎盤や母乳からママの免疫をもらうことで、生後半年まで
の赤ちゃんは風邪をひかない──と一般的には言われていま
す。しかし、それは残念ながらウソ。新生児でも風邪をひく
ことはあります。あくまでも「かかりにくい」というだけの
こと。

　風邪ウイルスは、地球上に何百種類もあります。ママが感
染したことのない風邪ウイルスの免疫は、当然、赤ちゃんに
おすそわけすることはできません。

　第１子は、比較的守られた環境にいるので、赤ちゃん時代
に病気にかかりにくいのは事実。しかし、第２子以降は、上
の子が持ち帰ってくるウイルスや細菌にどうしても接触して
しまいます。これは宿命です。実際、私の７番目の子は、生
後２カ月のときに熱を出して入院しました。

「赤ちゃんに風邪をひかせてしまった！　私のせいだ！」と
ママが自分を責める必要はありません。それよりも大切なの
は、風邪をひいたときの対処法をしっかり把握しておくこと。

・明らかにからだが熱い、38.3℃以上の熱がある
・飲んだおっぱいやミルクを毎回吐いてしまう
・噴射状の下痢が１日に10回以上出る
・喉からヒューヒュー音が出る、呼吸すると胸の中央がへこむ
・濃い黄色や緑がかった目やにが絶えず出ている

　これらの症状が出ていたら、受診を視野に入れましょう。
そして、最終的にはママの直感を信じ、「なんか変！」と思っ
た時点で受診し、風邪の悪化から赤ちゃんを守ってあげま
しょうね。

まとめ

「風邪をひいた原因」を探るよりも
「風邪をひいたときの対処法」を頭に入れておこう

38

通院

しなくていい

~~風邪をひいたらすぐに
病院へ行って抗生剤をもらう~~

するならこっち

子どもの自然免疫力を信じて、
ゆっくり治す

　子どもが風邪をひいたとき、何科へ連れていきますか？恐らく、「小児科」と「耳鼻科」という2つのパターンがあると思いますが、双方を適切に使いわけることが大切です。

◎**小児科**……子どもの頭からつま先まで、全身の症状を見るのが小児科。アデノウイルスや手足口病、ヘルパンギーナをはじめ、一般的な風邪を含む"ウイルス"をターゲットにしています。

　ウイルスに抗生剤は効かないため、小児科では熱冷ましや鼻水を止める薬など、気休め程度の薬しかもらえないケースがほとんどです。昔、私が第1子を育てている頃は、小児科でも抗生剤をガンガン出していましたが、そういう例はあまり見られなくなりました。子どもの自然免疫力に期待し、ゆっくり休んで無理なく治していくというのが現在の小児科の主流です。

◎**耳鼻科**……喉から上の症状を見るのが耳鼻科で、ターゲットは"細菌"。風邪をひいて抵抗力が下がると、鼻や耳の奥に膿がたまります。この膿が原因となって細菌感染が起こると、熱が出たり中耳炎になったりします。耳鼻科は、この細菌に対する抗生剤を処方してくれます。

　抗生剤はよく効く一方、乱用すると効かなくなるので注意が必要です。まずは鼻吸いや吸入の処置をしてもらい、水っぽい鼻水程度で熱も出ていなければ飲む必要はないと思います。

　そして、**細菌感染を起こさないよう、ひたすら鼻水を吸ってあげましょう。**おすすめは電動の鼻吸い器。少々お高いですが、毎日通院する必要もなくなり、十分に元はとれると思います。

まとめ

**風邪をひいたら、栄養をとってよく休むこと
悪化を防ぐには鼻吸いが必須**

39

感染症対策

しなくていい

手に触れるものは
とにかくなんでも消毒する

するならこっち

自然の中で土まみれになって、
たくさんからだを動かす

「大家族の感染症対策ってどうなっているの!?」とよく聞かれますが、やっていることは基本的なことばかりです。まずは早寝早起き。土日も長期休みも関係なく、同じリズムで寝起きしています。そして、帰宅時の手洗い・うがいの徹底。あと、腸内環境をよくするために、ヨーグルトはよく食べさせているかな。家族みんなで仲よくして、よく笑うことも意識しています。

　そして、とにかく土に触れさせること。休みの日はショッピングモールなどではなく、とにかく自然の中へ出かけます。コロナ禍で、なんでもかんでも「除菌！　消毒！」という世の中になってしまいましたが、あまり清潔さばかり追い求めていると、子どもが本来持っている免疫力まで失われてしまいます。

　土まみれになって夢中で遊ぶ中で、いろんな菌と共存していくことが、強いからだをつくることにつながります。だから、いわゆる"汚い"とされる遊びをどんどんさせましょう。お砂遊びはもちろん、雨の日こそ外へ出てレッツどろんこ(笑)。子どもの好奇心を満たすと同時に、アレルギー対策にもなります。

　落としたものも「３秒ルールでOK！」と食べさせるぐらい、おおらかでいい。めいっぱいからだを動かして遊べば、自然と笑顔にもなるし、子どもの抵抗力はめきめきとアップしていきます。実際、うちの子たち、小学生以上はみんな皆勤賞です。

　しかし、どんなに対策しても、かかるときはかかります。子育て家庭にとって、インフルエンザや胃腸炎は逃れられない宿敵ですから、ママは「ドンとこい」で対応しましょうね。

まとめ

よく寝て、よく食べ、よく笑え
土と触れ合い、免疫をつけよう

40

感染症対策

しなくていい

❌

嘔吐物が付着したら、
指示通りの消毒液できちんと処理する

するならこっち

⭕

嘔吐物が付着したものは
すべて捨てる

生活編

からだ編

しつけ編

コミュニケーション編

人間関係編

発達編

考え方編

　感染症の中でも、特にキツいのが嘔吐を伴うウイルス性の胃腸炎ですね。胃腸炎は、とにかく嘔吐物の処理が大事です。必ず、**ゴム手袋とキッチン用の漂白剤、大きなゴミ袋**を用意しましょう。そして、**いつもの布団は片づけること。**わが家はもう全員フローリングにそのまま寝かせます。1枚ずつブランケットを配って、「トイレはこちらですので、自信のない人はお近くでお休みくださいね」とアナウンス（笑）。

　胃腸炎のときは、予兆なくいきなり吐くのが特徴です。嘔吐中枢は、副交感神経優位のときに働くので、初回はたいてい夜中。そこから10〜15分ごとに吐き続けます。嘔吐物が付着したものは、布団だけでなく、衣類もカーペットも全部捨てましょう。消毒液による処理の仕方もいろいろと紹介されていますが、そんなことをやっている暇はありません。ぞうきんもゆすいで絞ったらあかんよ、使ったらすぐに捨てましょう。

　しばらくすると、ママは吐きそうな雰囲気がわかるようになってくるので、うまくいけばキャッチ可能。100均のバケツをあちこちに用意しておくといいですね。小学生にもなれば吐き気を自覚できるようになるので、失敗もほとんどなくなります。

　胃腸炎もインフルエンザも、兄弟がいたらうつるのは避けられません。私は、ひとりかかった時点で「はい、ここから1カ月は看病期間でーす。お次は誰〜？」と腹をくくります。家じゅうを感染対策モードに切り替えて、なるべくストレスを小さくして乗り切りましょうね。

\まとめ/
誰かひとりが発症したら
家じゅうをすみやかに感染対策モードにシフト

41

傷の手当

しなくていい

まずは消毒。乾燥させて
かさぶたにして治す

するならこっち

傷口を洗い流してから、
ガーゼやパッドで覆い乾燥を防ぐ

生活編

からだ編

しつけ編

コミュニケーション編

人間関係編

発達編

考え方編

　子どものケガは日常茶飯事ですよね。昔は、血が出るようなケガをしたら、傷を洗って消毒し、ガーゼをあててテープで固定し、乾かしてかさぶたをつくって治すのが一般的でした。「せっかく治りかけたのに、なんでかさぶた剥がしちゃうの！」と親から怒られた記憶のある人もいるでしょう。

　しかし、最近のスタンダードは、傷は乾かさずに治す「浸潤療法」。ママが処置できないようなパックリ傷は受診しなければなりませんが、転んでできたすり傷などは、**患部をよく洗ってくっつかないタイプのガーゼやキズパッドで覆い、乾燥を防いで治癒を促します。**

　傷から浸み出してくる黄色透明の液体には、皮膚の細胞をつくるための成分がたくさん含まれています。ガーゼが血の赤色や浸出液の黄色に変わっていくのを見ると「ジュクジュクしてかわいそう」と思うかもしれませんが、交換の必要はありません。**この浸出液で常に傷を満たすことによって、皮膚の組織がスムーズに再生されていくのです。**

　創傷ケアについては、近年、かなり考え方が変わってきています。産婦人科領域でも、以前は、産後トイレに行くたびに陰部の消毒を行うのが一般的でしたが、今は、消毒せず「清潔に保つことだけ心がければOK」という考え方に変わっています。

　人間にはもともと、自然治癒力があります。子どものからだが本来持つ力を引き出してあげるためにも、この科学的なメカニズムを知識としてしっかり持っておきましょうね。

まとめ

ジュクジュクは傷を治すための良好な経過
傷のケアは、人間の持つ自然治癒力に任せよう

42

耳そうじ

しなくていい

毎日、お風呂上がりに
綿棒でお手入れ

するならこっち

タオルで耳の入口を
拭くだけ

　子どもの耳そうじは、私にとっての癒やしタイム。あたたかい子どもの頭がちょこんと自分の膝に乗っているあの時間は、まさに至福そのもの。そして、大きな耳垢がとれると、なんともいえない快感に包まれます。

　しかし、「そこに見えてる大きな耳垢、ちょっと奥だけどどうしてもとりたい！」と、つい無理して綿棒や耳かきを奥まで突っ込んでしまい、「イターーーイ」と泣かれたことも数知れず……。ああ、ママの欲求を満たすために無茶してゴメン！

　私の助産院に来ていた耳鼻科医をされているママに聞いたのですが、実は、耳そうじはあまりしなくてもいいのだそう。日常的に耳そうじをすると、綿棒が耳垢を奥へ奥へと押し込んでしまい、鼓膜に耳垢がへばりついた状態を人為的につくってしまうことに。だから、**自己流のケアはせず、たまった耳垢は定期的に耳鼻科でとり除いてもらうのがおすすめ**なのだとか。頻度は年に1回、プールの活動が始まる前に耳鼻科できれいにしてあげると、中耳炎の予防にもつながります。

　そもそも、皮膚の新陳代謝により、耳の奥のほこりやごみは自然と外に押し出されます。**日常のお手入れとしては、タオルで耳の入口だけを軽く拭いてあげる程度で十分。**赤ちゃん時代は耳垢がねっとりしている子もいますが、その場合はガーゼで耳の入口の部分だけなでる感じで拭いてあげましょう。

　幸せホルモンいっぱいの耳そうじは、月に1回程度でガマンですね。奥に見える耳垢まで欲張ってとろうとしないように……。

まとめ

綿棒での耳そうじは不要
耳垢は定期的に耳鼻科でとり除いてもらおう

43

利き手

しなくていい

利き手は
右手に矯正する

するならこっち

左利きは生まれ持った個性だから、
そのまま何もしない

左利き の 天才たち

生活編

からだ編

しつけ編

コミュニケーション編

人間関係編

発達編

考え方編

　私の子どもたち、12人中4人が左利きです。私の母も左利き。私も、ナイフとフォークの手が逆だったり、陸上部だった頃に利き足が左だったりして、完全な右利きではありません。世界的な統計では10人に1人が左利きだそうですから、うちの左利き発生率はずいぶん高いようです。

　昔は、「左利きは恥ずかしいから矯正すべきだ」と考えられていました。私の母も強引な矯正をされ、最終的には右手でペンもお箸も持てるようになったけど、本当の利き手ではないからうまくできずにモタモタ。それが長年、コンプレックスだったようで、「お母さんは不器用だから」が口癖でした。

　今は、**「左利きは生まれ持った個性のひとつ。矯正せずに自然に任せるのがいちばん」**という考えが一般的になりつつあります。**もちろん、わが家の4人のサウスポーも誰ひとり矯正しませんでした。**「ののちゃん、左利き用のハサミに変えますか？」と保育園から聞かれたときは、もちろん「ハイ！」と即答です。

　左利きの人は、右利きの人よりも左右両方の脳を使う頻度が高いことが知られています。うちの子たちも、右利きの子より左利きの子のほうが、芸術的センスがあって器用。せっかくのこうした才能を潰してしまうのはもったいないですよね。いろいろな道具の使い方や駅の改札など、何かと不便もあるようですが、本人たちを見ていると慣れてしまえば平気みたいです。**個性を尊重するすてきな時代になったのですから、ぜひ「左利き」という個性も大切にしてあげてください。**

まとめ

「左利き」という個性が持つ可能性を
そのまま伸ばしてあげよう

CHAPTER

3

しつけ編

44

イヤイヤ期

しなくていい

✕

イヤイヤを封じ込め、正しい方向に導こうとする

するならこっち

「ドーンとこい」とおおらかにかまえる

　2歳が近づく頃、突如始まる「イヤッ！」の嵐。実はこのイヤイヤ期、彼らは親をバカにしてるわけでも、お殿様・お姫様気分で威張っているわけでもなく、「選択」の練習なのです。

　私たちは毎日、「今日は雨だから歩いて買い物に行く？　小降りだし、自転車でサッと行ったほうがいいかな？」などと、さまざまな選択をしながら生きています。しかし、**2歳児には、どれかひとつの選択肢に決めるという能力がまだありません。**それがたったの二者択一であっても、その両方の道を同時に歩こうとします。

「パン食べる」って言うから、あげたら「いらん！」。片づけたら、「食べるのぉぉ〜！」。あげればあげたで「ちゃう!!」と手で払いのけられ、パンが宙に舞う。挙句の果てには、パンが吹っ飛んだことにブチギレて、「イヤー！」と寝っ転がって大暴れ……つき合う側は本当にうんざりさせられますが、「食べたいけど、食べたくない。あ〜〜〜〜どっちにも決められへんっ!!」というのが彼らの気持ち。そんな彼らに対し、「いくら言ってもダメなものはダメ！」「いい加減にしなさい！」と“しつけ”をしたところで、あまり有効ではありません。

　大人は、つい“正しいほう”へ導こうとしますが、それでは自分で選択する力が身につきません。**イヤイヤ期に「相反する2つのこと」を同時に体験することで、ベターな選択はどっちなのか、たやすく選べるようになっていきます。**「そういう時期なんだ」とドンとかまえ、気長につき合ってあげてくださいね。

\まとめ/
イヤイヤ期は「選択」の練習中
支離滅裂な言動は、今だけのかわいさだと心得よう

45

イヤイヤ期

しなくていい

イヤイヤが爆発してしまったら、
周囲の人に「すみません」と謝る

するならこっち

今だけだと割り切り、
周囲の助けを借りたら感謝する

　イヤイヤ期の話、まだ続きます（笑）。買い物に行っても、カートに乗るのをのけぞって拒否。仕方がないので店内に放てば猪突猛進。お肉のパックにポチポチと指で穴を開け、「すいません！　こっからここまで、全部買いとります！」なんてこともあったり……ほんま、イヤイヤ期を持つ親の買い物は壮絶です。毎回、「ああ、また迷惑をかけてしまったらどうしよう」「白い目で見られるのがつらい」と重い気持ちになっていませんか？

　中には「子どもを走り回らせて、けしからん！」という人がいるのも事実ですが、実は、**周りの多くの人が、子育てに奮闘するママをあたたかい目で見ています。**口には出さないまでも、大半の人が「そんな時期もあるよね。がんばれ」「イヤイヤ期かな、懐かしいな。大変だと思うけど、応援してるよ」と思っている。だから、**ママは必要以上に恐縮しなくていい**と思いますよ。

　ときには、荷物を持ってくれたり、自転車に乗るのをサポートしてくれたり、目に見えるお手伝いをしてくれる人に出会うこともあるでしょう。**そんなときはぜひ、「すみません」ではなく、「ありがとうございます」と感謝を伝えましょうね。**

　いっそ、ムチャクチャする様子を動画に撮って、パパや、じいじばぁばと共有するのもおすすめです。毎日がネタの宝庫やん（笑）。というのも、何人ものイヤイヤ期を通りすぎてきた私からすると、「イヤイヤ期はかわいい！」。成長とともに必ず終わりを迎えますから、今だけのことと割り切り、周囲の助けも借りつつおおらかに乗り切ってくださいね。

まとめ

**"渦中"にいるママが周囲に伝えるべきは
「すみません」ではなく「ありがとう」**

46

公共の場でのふるまい

しなくていい

人に迷惑をかけないよう、
神経をとがらせる

するならこっち

迷惑をかけたら、相手に感謝して恩返しを。
その経験を知恵とする

　人に迷惑をかけないようにすることは、社会生活のもっとも基本的なことのひとつです。日本は「子どもの行動は親の責任」という認識が強いので、子を持つ親は、人に迷惑をかけないことを優先し、外出することそのものを控えることさえあります。

　でも、人に迷惑をかけない子が、本当にいい子なのでしょうか？　そして、迷惑をかけないように気を配るのは、**自分自身が「迷惑をかけるような子を育てている親」だと思われたくない、という気持ちからではありませんか？**

　好奇心の塊である子どもは、大人の都合や常識などおかまいなしに、動き回るのがあたりまえの生き物です。**彼らは、迷惑をかける・かけられるの経験をたくさん積むことで、生きる知恵や生きる力を学んでいきます。**「迷惑をかけない」ことを知識として教え込んでも、知識はしょせん知識。かけて初めて「迷惑とはどういうことなのか」に気づき、かけられたときの気持ちも味わったりしながら、処理の仕方を学んでいくのです。

　だからといって、子どもが周囲に度を越した迷惑をかけるのを「そのままでいい」「何もしない」と開き直るのも違います。**大人が代わりに「すみません」と素直に謝る姿も、子どもにとっての生きる学びにつながります。**

　ちなみに私は、今現在も、人に迷惑をかけまくって生きている自信があります（笑）。「ほんま、ごめんなぁ」「ほんま、ありがと〜」と、失敗して、迷惑をかけて、感謝して、その経験をいかしながら今日も生きています。

まとめ

子どもの迷惑、大歓迎！
迷惑をかける・かけられる経験が、たくましさを育む

47

かんしゃく

しなくていい

かんしゃくを起こすのが怖くて
子どもと外に出ない

するならこっち

「かんのむし」は成長過程。
ひたすら時期を待つ

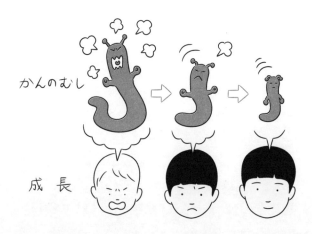

かんのむし

成長

生活編

からだ編

しつけ編

コミュニケーション編

人間関係編

発達編

考え方編

「かんのむし（疳の虫）」ってご存知ですか？　夜中にちょっとした物音で目を覚ます、つまらないことで激しく泣く、かんしゃくを起こす。赤ちゃん〜２歳ぐらいの子にしばしばこのような症状が見られますが、これは病気ではありません。

　毎日生きているとさまざまな刺激がありますが、ましてや子どもの場合、そのすべてが人生初だったりします。幼い頭の中で情報処理しきれず、興奮が制御不能になると、神経がたかぶったまま自力で鎮めることができなくなります。

　こうして「心とからだのバランス」が崩れると、泣きわめく、暴れる、叫ぶ、寝ない……などのパニック症状が出現。発熱、下痢、ミルクを飲んでも吐く、食欲がないなど、体調に影響が出ることもあります。

　かんのむしには、生まれ持った気質が大きくかかわっています。ちょっとした物音にビクッとなって泣き出す“神経質な赤ちゃん”に、６カ月以降、極端な人見知り、場所見知りが出現。１歳をすぎるとかんしゃくを起こすようになる、いわゆる“育てにくい”のがかんのむしの子です。**12人育ててきた私が断言しますが、けっして育て方の問題ではありません**から、「私の育て方が悪いのかな……」などと落ち込まないでくださいね。

　かんのむしは、成長過程のひとつです。**夜泣きやイヤイヤ期と同様、時期がくれば必ず収まります**から、うまく気分転換をさせてあげるなどして、静かに見守りましょう。原因や対策を必死に探すのではなく、ひたすら時期を待つのが得策です。

まとめ

「かんのむし」は生まれ持った気質
自分で感情をコントロールできるようになるのを待とう

48

食事

しなくていい

**1歳児でも立ち歩きながら食べるのはNG。
きちんと座らせる**

するならこっち

**好奇心旺盛な気持ちを尊重。
まずは「食事は楽しい時間」を優先**

生活編

からだ編

しつけ編

コミュニケーション編

人間関係編

発達編

考え方編

　ひと口食べてはウロウロ、座らせようとするとのけぞって嫌がり、スプーンは放るわ、食べ物は投げつけるわの大惨事。食事の時間がいつも苦痛です……という「1歳児の食事問題」。

　1歳すぎという時期は、やっと自分の足で歩けるようになり、いろいろなことに興味がわいてくる頃。子どもの集中力は小学1年生でもたった15分と言われていますから、1歳児なら5分と持たないでしょう。**そう、座って食べられないのは、好奇心が旺盛で、いろいろなものが気になってしまうだけのこと。**「あれもやってみたい！　これもやってみたい！」という好奇心を軸に子どもは成長していくものなのだから、歩き食べも仕方がないと割り切ってもいいんじゃないかな。

　そして、お行儀も大事ですが、**食事は「おいしくて楽しい時間なんだ」ということを教えるのも食育の基本**です。食事のマナーを身につけるのは、「食べることは楽しくてうれしいこと」だと学んでからでも遅くありません。ごはんの時間にいつもママが怖い顔をして怒っていると、「食事は嫌な時間」とインプットされてしまいますから、まずは「楽しい食事」を最優先にしましょう。

　目のつくところに気になるものは置かない、テレビを消すなどの環境づくりだけすれば十分。**「子どもにしっかり食べさせる」のが目的なら、追いかけ食べだってOK**です。2歳半をすぎると、だんだんママの言っていることが理解できるようになってくるので、自然と座って食べるようになりますよ。

まとめ

**子どもが楽しんで食べてくれるなら
歩き食べ、追いかけ食べもOK**

49

食事

遊び食べをやめさせる。
やるとしても、被害は最小限に抑えたい

するならこっち

汚れてもいい服を着せて、
とことん遊ばせる

　1歳児の食事問題その2、遊び食べ。ここは思い切って、「きれいに食べさせる」という発想を、ママの頭の中から消し去ってしまいましょう（難しいとは思うけど、ガンバッテ！）。

　せっかく芽生えた「これなんやろ？　触ってみたい！」という子どもの好奇心に水を差さず、やりたいようにやらせる。なんなら、一緒に遊んであげちゃうのもおすすめです。

　食事の時間（＝遊びの時間！）は、汚れてもいい服がマスト。私なら、夏場はおむつ一丁やな（笑）。ウエットシートや台拭きはあえて用意しません。というのも、片づけグッズが手の届くところにあると、小出しに片づけながら食べさせようとしてしまいがち。**片づけようがない状態にあえてしてしまうことで、あきらめもつくというわけです。**

　重さのある野菜スティックと、ふわふわのパンでは、床への落ち方が違う。飲み物をこぼして両手で混ぜ混ぜすると、ピチャピチャはねる。ヨーグルトなど、粘り気のあるものは、また違った感触だ……見て、触れて、口に入れて出して、学ぶ。遊び食べ中、子どもの脳みそはフル回転です。

　思う存分食べ（遊び）終わったら、ママは一気にまとめて、気合を入れて片づけましょう。たくさん遊んだあとにママが片づける姿を見て、いずれ子どもは「食べ物は遊ぶものじゃない」ということに気づいていきます。

　栄養面については、日中元気いっぱいなら問題はナシ。**「食べないとお腹が空く」ということを学ぶチャンスともいえます。**

まとめ

実験気分で学びいっぱいの遊び食べ
片づけは二の次で、ママも一緒に遊んじゃおう

挨拶

✕

挨拶は大事だと
伝える

するならこっち

親が挨拶している姿を
見せる

「行儀よく、礼儀正しく、挨拶もしっかりできる子」という
のは、親にとっての理想です。しかし、こうしたマナーや挨
拶の習慣というのは、自分で人生の経験を積み重ねる中でだ
んだん会得していくもの。つまり、「こうしなさい、ああし
なさい」といういわゆる"しつけ"には意味がありません。

　**やってほしいのは"しつけ"ではなく、ママ自身がお手本
となること。**といっても、行儀のいい姿を見せろというわけ
ではありません。ときには立膝で食事をし、ヨーグルトのフ
タの裏をペロッと舐める（笑）ママが、外では一切そんなこ
とをしない！　かかってきた電話には「お世話になっており
ます〜♡」と、なんだかいつもより高い声で出てる！　とい
う、**「外ヅラ／内ヅラ」をきちんと使いわけている姿を見せ
ることが大切**なんです。

　たとえば、スーパーで園の他のクラスのママを見かけたと
き。ついスルーしてしまいたくなりますが、もし、わが子を
挨拶する子に育てたいなら、ここはしっかり、「こんにちは！
どこのクラスのママさんでしたっけ？」と自分から挨拶しま
しょう。相手が笑顔になる様子を見て、子どもは「ああ、挨
拶するって、気持ちのいいことなんやな」と自然と学びます。
**「きちんと挨拶しなさい！」とガミガミ言うより、よっぽど効
果があります。**

　家ではリラックスしていても、外ではこうあるべき──こう
したママのふるまいを4年、5年と見続けることによって、次
第に、行儀やマナーに対する頭での理解も追いつき、行動が
だんだんとリンクしてきます。子どもはめっちゃ見てるで〜！

まとめ

「挨拶しなさい！」と言って聞かせるより
「こんにちは！」と言う姿を見せよう

125

失礼な言動

しなくていい

「そんな失礼なこと言わないの!」と
その場で叱りつける

するならこっち

失礼な言葉の裏にある真意を
読みとれるよう、想像を膨らませる

生活編

からだ編

しつけ編

コミュニケーション編

人間関係編

発達編

考え方編

　わが家の第11子、ととちゃんはとってもおしゃべり。米軍基地のある沖縄で育っている彼女は、外国人ファミリーにも「Hello〜！」と物怖じせずに声をかけます。私はこう見えて人見知りなので、きっと旦那のMARKに似たのでしょう……。

　そんなととちゃんが５歳の頃、よく言っていたのが「ママ、いつ死ぬの？」。確かに超高齢出産だったから、若いママよりは先に死ぬと思うけど、まだその予定はないんよ……。かと思えば、関西からはるばる来てくれたお客さんに「いつ帰るの？」。

　まるで、「早く死んでほしい」「早く帰ってほしい」とでも言いたげな**失礼な質問に聞こえますが、これって実は"子どもあるある"**なんです。子どもは「ママに早く死んでほしい」のではなく、「大好きなママとずっと一緒にいたい」。「早く帰ってくれ」ではなく、「あなたといると楽しいから、まだ帰らないでほしい」ということが言いたいんですね。

　幼い子どもは言葉足らずで、表現力にも乏しく、ときどきギョッとさせられるようなことを口にします。そんなとき、**言葉尻をそのまま受けとって、「そんなこと言わないの！」と叱るのはNG。**子ども本人は、自分が発した言葉にそれなりの理由や真意があるので、なんで叱られたのか理解できません。

　想像力を膨らませて、子どもの立場になって物事を考えてみましょう。「ママはまだ死なないよ。これからもずっと一緒だよ」「明日の夕方までいるよ。まだたくさん遊べるね！」と返せば、子どもは安心。にっこり笑顔になることでしょう。

\まとめ/

 子どもの立場になって物事を考えると純粋でかわいい真意が見えてくる

CHAPTER

4

コミュニ
ケーション編

52

自己肯定感

しなくていい

~~子どもの自己肯定感を上げるために、
ポジティブな言い回しをする~~

するならこっち

「愛してる」「好き」を
たくさん伝える

大好きだよ〜

　ここ数年、「自己肯定感」という言葉が子育てのキーワードになっています。自己肯定感とは、「自分はありのままでいい」「生きているだけで価値がある」と思える感覚のこと。「あなたの育て方次第で子どもの自己肯定感が決まる」なんて言われると親としては責任重大、なんだかしんどいよな～。

　しかし、長年ママ業をやってきた私は、子どもの自己肯定感を上げるたった2つのポイントに気づきました。**それは、「愛情表現」と「スキンシップ」です。**とにかく、子どもにたくさん「愛してる」「大好き」と伝え、たくさんハグしてあげましょう。

　こうして、自分という存在を認めてもらえる環境に身を置いて育つと、大きくなって失敗したときにも、子どもは「自分が悪い」とは考えません。自分を否定するのではなく、あくまで「自分の行動の何がいけなかったんだろう？」という思考になり、前向きに次の一歩が踏み出せる子になります。

　愛情表現を受ける機会が少なく、「～してはいけない」「～しなさい」と減点法で採点される環境に置かれると、自己肯定感はうまく育ちません。実際、私は上5人にこのやり方をしてしまい、見事に失敗してしまいました。この反省を踏まえてやり方を変えた下の子らは、驚くほど自己肯定感が高いです。

　そして、**子どもの自己肯定感を育みたいのなら、ママ自身、子育てでうまくできないことがあっても、自分の存在を否定しない**こと。子どもから、パパから、たくさんハグしてもらって、ママの自己肯定感も高めていきましょうね。

\まとめ/

**ハグまみれの毎日で、
子どももママも自己肯定感アップ**

53

情報収集

しなくていい ✕

子どもが抱えている問題を
解決しようと検索魔になる

するならこっち ○

「そっかそっか」と
目の前の子どもを抱きしめる

生活編

からだ編

しつけ編

コミュニケーション編

人間関係編

発達編

考え方編

　昔のママたちは恐らく、自分の直感を頼りに子育てをしていたのでしょう。周りの年長者からの自然なアドバイスもあったと思います。しかし、"孤育て"とも言われるほど、ママが責任をひとりで抱え込むケースが多いのが現代の子育て。インターネットのおかげでとにかく情報過多な中、「直感で」と言われても、自信が持てないのは当然でしょう。

　だから、頼れるものは、ネットでもなんでも頼っていいと思います。"検索魔"になることでママの気が済むのなら、どんどん検索したらええ。育児には正解がないし、いろいろな考えがあるということを知るうえでは、意味のあることだといえます。

　情報に振り回されるのが苦しい、つらいという方におすすめなのが、参考するサイトをひとつに決めてしまうこと。「心にストンと落ちる内容が多い」「自分と価値観が似ている」と感じられるサイトの中から、「参考になる答えがあればいいな〜」ぐらいの軽い気持ちで、自分の気持ちや育児観に合った、心地よい情報が得られればOK！　としましょう。

　そして、子どもが悲しんでいるとき、困っているとき。つい、ネットの海にその答えを求めてしまいがちですが、**まずは目の前の子どものことを抱きしめてあげましょう。**「そっかそっか」と言いながら、子どもの背中をママの手のひらでやさしくトントンしてあげると、子どもの心は穏やかさをとり戻し、泣く原因となったことへの執着も薄らぎます。ママの気持ちも不思議と安らいでいくことでしょう。

まとめ

**ネットの海に答えを求めすぎず
仕入れる情報は"心地よいもの"に絞ろう**

54

抱っこ

しなくていい

抱き癖がつくので、
抱っこしすぎない

するならこっち

抱っこできる状況のときには、
たくさん抱っこする

「そんなに抱っこばっかりしたら、抱き癖がつくよ」「赤ちゃんは泣くのが仕事なんだから、泣かせておけばいいんだよ」と言われ、戸惑った経験のあるママは多いと思います。

　欧米では、夫婦と赤ちゃんは別室で眠り、夜泣きにも対応しないと言われます。一方、日本は同じ部屋に川の字で眠り、ママが夜となく昼となく手をかけてあげるのが一般的ですが、どちらの子にも差はなく、みんな健全に育っていますよね。

　周りの人が言う「しばらく泣かしておけ」というのは、あくまでひとつの価値観であり、「泣いていたら抱っこしてあげたい」というのも、等しく尊重されるべきひとつの価値観です。だから、**どちらを選ぶかは、「ママがどうしたら楽か」ということを軸に決めればいい。**「赤ちゃんに泣かれるのがつらいから、つい抱っこしてしまう」のであれば、それが正解です。

　時間的にも気持ち的にも抱っこする余裕があるときは、いくらでも抱っこしたらいいと思います。もちろん、赤ちゃんも賢いですから、「あ、ここまで泣けば抱っこしてもらえるんやな」と学習します。でも、それで何か困ることがあるでしょうか。

　大切なのはメリハリです。**いくらでも抱っこはしてあげるけど、「今は料理の最中やから無理！　ごめんやけどちょっとだけ泣いといて！」とできるかどうか。**24時間365日放っておくわけじゃないのだから、少しぐらい泣かせておいても平気です。「ああ、泣いているのに抱っこしてあげられない」と自分を責める必要はありませんからね。

\まとめ/

抱き癖、ドンとこい！
「抱っこしてあげたい」という気持ちに忠実であれ

55

怒鳴る

しなくていい

赤ちゃんに対して怒鳴るなんて
言語道断。穏やかな育児を

するならこっち

どうしても怒鳴ってしまうなら、
その原因にうまく対処する

　赤ちゃんが泣きやまなかったり、ワンオペが続いて余裕がなかったりすると、つい「もう！　いい加減にして！」と怒鳴ってしまうというママ。「怒鳴り声を聞いて育った赤ちゃんは、発達に何か悪い影響が出てしまうでしょうか」と心配のようです。

　１日の様子を冷静に振り返ってみてください。赤ちゃんの機嫌がよくて、ママも穏やかに育児をしている時間。一方、赤ちゃんが泣きやまなくて、思わず怒鳴ってしまった時間。比べてみると、穏やかにすごす時間のほうが圧倒的に多いはずです。

　たまに怒鳴ってしまったとしても、赤ちゃんに影響はありません。怒鳴ってしまうことにプラスして、ミルクをあげない、おむつも替えない、暑さや寒さにも対応しない、などがいくつも重なると悪影響も出るでしょうが、この本を読んでいるような一生懸命なママたちは、そんなことできないはず。

　ママも人間ですから、ときにはイライラして大声を出してしまうこともあるでしょう。そのことで、自分を必要以上に責めないでくださいね。

　そして、イライラしないための対策は「ネントレ」の項でもお伝えした通り、**泣いている赤ちゃんに真っ正面から向き合わないこと**。安全を確保して、しばらく別の部屋に逃げ込んでもいい。私がよくやっていたのは、抱っこ紐に赤ちゃんを入れて無心で歩くこと。誰もいない山の中へ入り、大声で歌いながら歩いたこともあったなぁ。こうして**逃げながらもうまく対処**できるようになると、育児はどんどん楽しくなるはずです。

まとめ

**泣く赤ちゃんに真っ正面から向き合わず
泣き声からうまく逃げよう**

56

ひとり遊び

しなくていい

いつでもどんなときにも、
さみしくないようにかまってあげる

するならこっち

ひとりで楽しく遊んでいたら、
そっと放置

138

　世の中ではなぜか子どもをかまってあげることがよしとされ、ママたちはなんとか遊んであげようと必死に子どもに働きかけます。子どもを放置していると「愛情不足になるのでは？」と心配するママもいるようです。

　でも、「自分が子どもだったら」と考えてみて。夢中で遊んでいるのに、「ねえねえ、ママと遊ぼうよ！」「もっとお話ししようよ！」「楽しい手遊びがあるよ！」と四六時中話しかけられたら……正直、「ウザッ」ってなりませんか（笑）。

　大前提として、**子どもはあなたの子である以前に、独立した人格を持ったひとりの人間**です。ひとりで集中して遊んでいる時間、空間には、親であろうと土足で踏み込むべきではないのです。

　カーテンを引っ張って「おもしろいなぁ」と眺めているところに、「このおもちゃで遊ぼ！」と割り込んでいくのは邪魔でしかありません。せっかく子どもが「これぐらいの力で引っ張ると、カーテンはこんなふうに動くのか」と自らチャレンジしているのに、その機会をみすみす奪ってしまうことにもなります。

　小さな赤ちゃんですら、かまってほしければ「こっち見て」「これやって」「抱っこして」と、自らアクションを起こしてきますから、かまってあげるのはそれからでOK。**機嫌よくひとりで遊んでいるときは、危険がないことだけは確認しつつ、そっと放置しましょう。**子どもがひとりで集中しているときは、ママもひとりの時間を楽しんでね。

まとめ

「ひとりの時間」を尊重してあげることが子どものチャレンジや学びにもつながる

57

ほめ方

しなくていい

❌

「さすが〇〇ちゃんだね！
すごいね！」

するならこっち

⭕

「コツコツ練習して
あきらめなかったからだね」

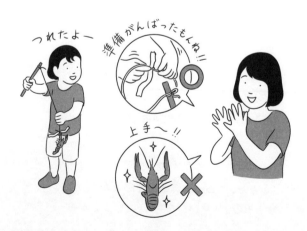

「すごいね！」「さすがだね！」「天才！」……一見、子どもの自信につながるように思える "あるある" のほめ言葉ですが、実は、使い方を間違えると逆効果になるのをご存知ですか？

　ほめ方には4つのパターンがあります。まずは、「見て見て」「すごいでしょ」とやってきた子どもに対し、**とりあえず「すごいね」などの "あるある" 言葉を発する「テキトーほめ」**。「全部食べられていい子だね！」「静かに待てておりこうさんだったね！」など、**子どもの行動の結果（多くの場合、「大人にとって」都合のいい結果）をほめる**のが「結果ほめ」です。

　この2つのほめられ方が続くと、子どもは「ほめられないと意味がない」という "ほめられ依存" の状態に。物事への興味やモチベーションが低下してしまう危険性もあります。

　一方、「ここを工夫したんやな！」「コツコツ練習しとったもんな！」と、**成果に至る過程や努力をほめるのが「プロセスほめ」**です。「やった！」「できた！」という感情を大切な大人とわかち合うことで、子どもは自分の居場所がある実感を抱き、幸せを感じることにつながります。

　実は、**子どもが求めているのは、ほめてもらうこと＝「評価」ではなく、認めてもらうこと＝「共感」です。**そこで意識してほしいのが、**子どもの存在そのものを肯定してあげる「存在ほめ」**。「生まれてきてくれてありがとう」などの言葉だけでなく、笑顔を向けたり、ハグしてあげるのも◎。自分の存在を丸ごと認めてもらう経験を通して、自己肯定感が高まっていきます。

\まとめ/

「プロセスほめ」「存在ほめ」で
うれしい気持ちを親子でわかち合おう

58

叱り方

しなくていい

一貫性を持って、
落ち着いたトーンで叱る

するならこっち

人間らしく、感情に任せて
キレることもある

白？黒？

「ママ、ママー」と終始甘えておきながら、突然「イヤッ」と拒否する2歳児、3歳児。やっと人間らしくなってきたけれど、ときにチンピラ（？）みたいに絡んでくる4歳児、5歳児。全然言うことを聞かず、反抗的な小学生……ママは、そんな彼らをいつも笑顔で受け止めなければいけないのでしょうか。

　ストーカーに追いかけられても「そんなあなたもすてき♡」、チンピラに絡まれても「すべて受け入れます♡」、全拒否されても「だ〜いすき♡」……？　そんな都合のいい話はありません。ママは、**ママである以前に、豊かな感情を持ち合わせた"人"**なのだから、ときには感情に任せてキレたっていいと思いますよ。

　子どもが成長して社会に出ると、いろいろなタイプの人と出会うことになります。そして、なんでも自分の思い通りにはなりません。よかれと思ってしたことも、相手によっては怒らせてしまうこともある。**「あれ？　なんで？」という理不尽にまみれているのが、私たちの暮らす社会なのです。**

　家庭は、子どもが初めて出会う小さな社会です。その中で、ママがいつも女神様のように穏やかで、一貫性のある完璧な子育てをしていると、さまざまなタイプの人の間を上手に渡り歩く能力が育ちません。だから、**ママはもっと理不尽でいい。**「昨日は同じことしても、怒られなかった。あれ？　なんで？」という支離滅裂を経験することで、生きる力が養われます。

　ママの顔色を伺う態度や発言が見られたら、それは空気を読める子に育ってきている証拠とポジティブに捉えてOKです。

\まとめ/
ママは理不尽でいい
揺れ動く感情はストレートに出そう

CHAPTER

5

人間関係編

謝る

悪いことをしたら自分の口で
「ごめんなさい」と謝らせる

子どもが言えないのなら
ママが代わりに謝る

子どもが何か悪いことをしてしまったとき、ママはどうにか謝らせようと促します。最初は穏やかに諭していたのに、なかなか謝らないわが子にだんだんヒートアップ。ついには「謝りなさいっっ！」と大声で怒鳴ってしまい、それに反発する子どもは「絶対に謝るものか！」とママをにらみつける、あるいは恐怖で泣きじゃくる……。こうなると、もう収拾がつきません。

修羅場が収まると、ママは大後悔の嵐。「こんなに怒ることなかったかも」「私の子育て、間違っているのかな」……さて、こうしたとき、「ごめんなさい」を言わない子どもを許してしまうと、彼らは大人になっても謝れないままなのでしょうか？

子どもが口で「ごめんなさい」と素直に言えなかったとしても、彼らの顔を見れば、「意地になって謝れなくなってるな」とか「心の底では反省してるな」とか、だいたいわかりますよね。だから、ここで大人がやるべきは、**「あなたのごめんねの気持ちはわかったよ。だからママが代わりに謝るね。『ごめんなさい』」** と、さっとお手本を示してあげること。心の中で反省し、心の中で「ごめんなさい」を言い、ママが代わりに「ごめんなさい」と言うのを見る。この経験を何度もくり返すうちに、子どもは自然に「ごめんなさい」が言えるようになります。

そして、相手が「いいよ」と言ってくれて、その場が明るくなる様子を実際に見ることで、「ごめんなさいは、気持ちのいいことだ」と学んでいくのです。無理やり頭を下げさせることにパワーを割くよりよっぽど効果があります。

まとめ

**「ごめんなさい」ができるようになるのは
「ごめんなさい」の気持ちよさを知ってから**

60

ルール

しなくていい

~~お友達に
譲ることを教える~~

するならこっち

お友達に
断ることを教える

　ブランコで遊んでいた3歳の子。お友達に「かーしーて」と言われて、「あーとーで！」とお返事しました。「替わってあげてもいいけど、今私が乗ったばかりだから、ちょっと待ってね」。「イヤ」と全否定はせず、かといって「いいよ」と相手の思い通りにもさせず。やわらかさもあって、すてきな言い回しです。

　わが子が「かして」と言われる場面に直面すると、「ほら、貸してあげなさい。順番でしょ！」と諭すママは多いですが、どんなときでも「かして」→即座の「いいよ」が正解というわけではありません。「使い始めたばかりなのに」「前回は使えなかったから、今回はたっぷり楽しみたいのに」といった子どもの気持ちを無視して**「すぐに貸してあげられる子＝いい子」という図式に無理やりあてはめられるのはつらいもの。**

　また、わが子に「ごめんねって言いなさい！」と諭すとき。「何がごめんなのか？」が理解できないまま謝らせると、その子にとって、「ごめんね」はまったく意味のない言葉になってしまいます。「僕は悪くないのに」「わざとじゃないのに」といった言い分もろくに聞かず、体裁よく「ごめんね」「いいよ」でまとめてしまうのは、大人都合の短絡的な解決方法といえます。

　子ども同士のトラブルが起きたときこそ、コミュニケーション能力を磨くチャンス。自分がどう思っていて、どうしたいのか。そして、相手の気持ちはどうなのか。それらを考えたうえで、心から悪かったと思えたら「ごめんね」、相手の気持ちを思いやることができれば「いいよ」が言えるようになります。

まとめ

「かして」「いいよ」の"定型文"のやりとりではなく
自分と相手の気持ちを考える体験を積み重ねよう

61

友達トラブル

しなくていい

「叩いちゃダメでしょ!」と 厳しく叱る

するならこっち

大人の言葉で気持ちを代弁し、 寄り添う

　2歳、3歳の子の悩みで多い「お友達に手が出てしまう」問題。まず、幼い彼らは「一歩引いて、まず考える」ということがまだできないため、「あ、ほしい」と思った瞬間に手が出てしまう衝動性があります。また、彼らにはルールがまだ身についていません。ジャイアンばりに「一度触れたものは、全部自分のもの」くらいに思っていますから、自分が手放したおもちゃを他の子が手にしているのを見ると、「僕のなのに！　私のなのに！」と奪い返そうとするわけです。

　そして、**手が出てしまう最大の理由は、相手の気持ちを理解できないことにあります。**叩くとはどういうことか、叩かれた相手はどう感じるか、ということが幼すぎて想像できないんですね。もし、わが子が手を出してしまったら、**「叩いちゃダメでしょ！」と叱ってその行動を「悪い」とジャッジするのではなく、その子の気持ちに寄り添うことを心がけましょう。**

　そのとき、「なんで叩いちゃったの？」と聞いても、2歳児、3歳児はなかなか気持ちを伝えられません。「このおもちゃで遊びたかったんだね？」と、**ママが大人の言葉で気持ちを代弁してあげることで、子どもが表現しやすい状態**をうまくつくってあげましょう。これをくり返すことにより、相手の気持ちも次第に理解できるようになっていきます。

　相手の親が不快に感じている様子なら、ママが代わりに謝りましょう。長くても小学校へ上がるぐらいまでの辛抱です。子どものためならいくらでも頭は下げられますよね。

\まとめ/
「ダメ！」と行動を評価するのではなく、行動の裏にある気持ちにフォーカスを

62

友達トラブル

しなくていい

「たいしたことないよ」と
受け流す

するならこっち

子どもの話に共感し、
子どもの気持ちを代弁してあげる

「今日、お友達にいじわるなこと言われたの……」などと子どもからお友達とのトラブルを打ち明けられたとき、どのように対応していますか？

大人はつい、「そんなに気にすることないよ」とか、「嫌なこと言われたら、先生に言いな」などと受け流してしまいがち。しかし、年中さん、年長さんにもなれば、子どもも「先生に言えばいい」ことぐらいわかっています。わかっているのに、できないからつらいのです。育児中のママも、誰かから的外れなアドバイスを受け「そうすればいいことぐらいわかっている。できないから困っているのに」とイラ立った経験はありませんか？　そう、**正論はけっして人を救わない**のです。

子どもが求めているのは「共感」です。ママは、子どもの悩みを「たいしたことない」と判断したり、「こうすればいい」と改善提案したりせず、「そのときどんな気持ちだったん？」「それはつらかったなぁ」と、ただただ話を聞いてあげましょう。

そして、まだうまく言葉で表現できない子どもの気持ちを、「それはこういうことかな？」と、大人の絶妙な日本語で代弁してあげると、子どもは「そうそう！　やっぱりママはわかってくれる」と安心することができます。

これをくり返すことで、小学校入学以降も、ママは子どもの"よき理解者"としての地位を確立することができます。困ったことがあったらなんでも話してくれるので、深刻なトラブルも芽のうちに摘みとることが可能です。

まとめ

なんでも話せて、なんでも受け止めてくれる
ママは子どもの安全地帯であれ

63

友達トラブル

「『一緒に遊ぼう』って言ってごらん?」と
アドバイスする

子どもがつらく感じていないのであれば
放っておく。つらそうなら先生に相談

帰宅後の子どもから「幼稚園で今日もひとりで遊んでた」などと聞くと、心配になるママは多いと思います。

まず前提として、ひとり遊びは必ずしも心配すべきものではありません。小中学校の休み時間も、ずっと本を読んでいたり、絵を描き続けていたり、ひとりですごしている子は必ずいます。もちろん、校庭でお友達とかかわりながら遊ぶ子もいますが、それぞれが思い思いに好きなようにすごしているのです。

だから、幼児の場合も、**本人がひとりでいることに苦痛を感じていないのであれば、なんの心配もありません**。「お友達と遊ぶのがいいことだ」というママの先入観をいったん捨てましょう。

「本当は入りたいのに、入れない」という素振りが見られたら対応が必要です。ただし、このとき、子どもへのアドバイスはいりません。「お友達に『遊ぼう』って言ってみたら？」などという正論は、子どもからしたら「そんなんわかってるわ、言っても拒否されるから困ってるんやろ」と言いたくなるもの。ママのアドバイスを負担に思い、子どもはさらにしんどさを感じる可能性もあります。

子どもが自分の気持ちを打ち明けるのは、ママに共感してほしいからにほかなりません。ママがすべきは、**子どもの話に「そうなんや、それはさみしかったなぁ」と相槌**を打ってあげたうえで、アドバイスはせず、園の先生に対応をお願いすること。先生は保育のプロですから、子どもが自然にお友達と遊べるようさりげなくフォローしてくれます。

まとめ
ひとり遊びが好きな子もいる
「入りたいけど入れない」場合は、フォローを求めよう

友達トラブル

相手の親に連絡をとり、直談判する

必ず園や学校を通し、感情的にならず冷静に相談する

提案

親の気持ち

子どもの話

　子ども同士のトラブルは、必ず園や学校を通すようにしましょう。感情的に乗り込むのは絶対にNG。子どもから「○○ちゃんにこんなことされた！」などと聞いて頭に血がのぼる気持ちはわかりますが、まずは深呼吸して、クールダウンを。

　いちばんのおすすめは学校へ直接出向くこと。電話もいいですが、相手の目を見て話すほうが真意はきっちり伝わります。

　そもそも、子どもから聞く話は、あくまでも一方向からの見方でしかなく、正しいかどうかは判断できません。だから、まずは「子どもはこう言ってます」という事実を伝える。このとき、「誰とは言いませんけど……」などと相手の名前を伏せる必要はありません。**「○○ちゃんと揉めました」とはっきり伝えることで、園や学校もスムーズに対策をとることができます。**

　そして、「それに対して、私はこう思います」と親である自分の気持ちを伝えたうえで、「こういう場合は、こうしたらいいのではないでしょうか」という提案までできるとベスト。あとは、園や学校が解決へ向けて動いてくれます。

　「こんなこと言ったら、クレーマーと思われるかな」などとためらう必要はありません。先生は、クラス全員のことを常に細かく見ていられるわけではありませんから、こうした相談や提言はありがたいはずです。

　ちなみに、**わが子が加害者側になった際も、先回りして相手に直接謝りに行ったりすることのないように。**園や学校側から言われたら、そこで初めて相手にコンタクトをとりましょう。

\まとめ/

　「子どもから聞いた事実→親の気持ち→提案」の順でけんか腰にならずに、冷静に伝えよう

65

公園トラブル

しなくていい

知らない子のおもちゃに手を 伸ばそうとしたら「ダメよ」と制止する

するならこっち

相手の親の様子をよく見て 対応を変える

　公園のお砂場で、お友達のおもちゃで遊びたがる子。1歳、2歳ぐらいの子を持つ親の多くが経験する"公園あるある"ですね。

　公園では、さまざまなタイプの親子が遊んでいます。まったく異なる"育児観"——どのような考え方で、どのような方針の育児をしているか——を持つ人たちが同じスペースに存在しているのが、公園という場所なのです。

　もし、わが子が知らないお友達のおもちゃに手を伸ばしてしまったら、まずは相手の親を観察しましょう。「いいよ、一緒に遊ぼう」と声をかけてくれる人もいれば、「なんで勝手に触るの？」という雰囲気を出す人もいます。**前者の場合はお礼を言って、一緒に使わせてもらいましょう。**

　ただし、**後者の場合は、すぐにその場から去ること。**魅力的なおもちゃを前にしながら「使っちゃダメ」というのは、1歳、2歳の子にとっては無理な話。「あっちの遊具で遊ぼう」などと誘い、わが子を砂場から引き離しましょう。その際、相手に「すみませんでした」と一言謝るのをお忘れなく。

「おもちゃの貸し借りをしたり、迷惑をかけたりかけられたりしながら、一緒に育っていこう」と考える人もいれば、「うちの物はうちの物。他人に頼られるのは絶対に嫌」と考える人もいて、どちらが正解ということはありません。**もし、嫌な思いをさせてしまったのなら謝ればいいし、だからといって自分の考えを変える必要はありません。**いろいろな人がいて、いろいろな考え方がある、ということをお砂場は教えてくれます。

まとめ
公園にはいろいろなタイプの親子がいる
親子ともども、社会を学ぶのに絶好の場

66

公園遊び

しなくていい

過保護と思われても、心配なので
遊びに行く子どもについていく

するならこっち

小1からは
ひとりで遊びに行かせる

生活編

からだ編

しつけ編

コミュニケーション編

人間関係編

発達編

考え方編

「いつから子どもだけで遊びに行かせていいですか？」。小学校低学年の懇談会でもよく話題になる、誰もが通る悩みです。

　私の考えとしては、小学校入学がひとつのターニングポイントかな。朝、ひとりで「いってきます」と出かけていくようになり、幼児期に比べてぐっと自立する、親離れ、子離れの時期。帰宅後も、ランドセルを玄関先に放り投げて出かけていくようになりますから、そこは**ついていきたくなる気持ちを抑えて、「いってらっしゃい」と笑顔で見送りましょう。**

　その際、「夕焼けチャイムが鳴ったら帰ってきてね」「お友達の家にお邪魔するときはきちんと挨拶を」など、注意事項はしっかり伝えること。そして、わが子を送り出すだけでなく、お友達がやってくるようにもなります。「親は来ないの……？」と最初はびっくりしますが、すぐに慣れるでしょう。

　逆に、**年長さんまではしっかりつき添ってあげましょうね。**そのぐらいの子は、成長したように感じても、ひとつのことに集中して周りが見えなくなることがまだまだあります。危ない目に遭わないよう、きちんと見守ってあげてください。

　好きな言葉があります。**赤ちゃんのときは「肌を離すな」。幼児期は「手を離すな」。学童期は「目を離すな」。**手をつないでついていくことはしないけれど、どこへ行くかだけはきちんと把握しておくということですね。そして、**思春期は「心を離すな」。**実は、これがいちばん難しいのですが……長い子育て道、一緒にがんばりましょうね。

まとめ

**年長さんまでは手をつないで
1年生からは手は離し、心の目で見守ろう**

67

兄弟げんか

しなくていい

兄弟仲良くしてほしいから、
けんかはすぐにやめさせる

するならこっち

基本的にスルー。本当に
危険な場合だけストップをかける

「HISAKOさん、兄弟げんかはどうやって止めたらいいんですか～!?」とよく聞かれますが、**私、兄弟げんかは基本的にスルーです。**止めることはありません。

兄弟げんかは社会性を学ぶ絶好の場。やった、やられたの経験を通じて、"加減"というものを学んでいきます。兄ちゃんは妹に泣かれて「あ、やりすぎた……」と学ぶし、「やり返す」ということを覚えた妹も、やり返しすぎて「ここまでやったらダメなんやな」という一線に気づく。ママがすぐにストップをかけてしまうと、この"一線"がいつまで経ってもわからないまま。

とはいえ、家の中でギャーギャーけんかする様子を見るのはイライラしますよね。そんなときは、スマホや雑誌を見てママの好きな世界へGO！　**ママが磨くべきは、けんかを仲裁する力ではなく、スルーする力です。**

放っておくと、子どものほうから「ママ～！　○○がこう言った！」などと訴えかけてきます。兄弟げんかにたいした理由なんかほとんどありませんが、**理由も聞かずに「叩いたらダメでしょ！」とジャッジだけを下すのはNG。**「そうなや。それは嫌やったな～」「そう思ったから手が出ちゃったんやな」などと、双方の気持ちに寄り添ってあげましょう。

ただし、本当に危ないときはすぐに止めること。尖ったもの、硬いものを手にしたときには要注意。スルーするとは言いつつも、致命的なケガにはつながらないよう片目ではしっかりと見ておくようにしましょう。この見極めが大切です。

\まとめ/
仲裁ではなくスルーしよう
兄弟げんかは社会性を学ぶ絶好の機会

68

祖父母

しなくていい

**"家族愛"を感じてもらうために、
祖父母に会わせる**

するならこっち

**事情がある場合は、
無理してまで祖父母に会わない**

　おじいちゃん、おばあちゃんとの関係性は千差万別。どの家庭にも必ず2組の祖父母が揃っているわけではないし、自分の実家とは問題がなくても、義父や義母との関係性に悩むママやパパもいるでしょう。それでも「子どもにとってはかけがえのない祖父母だから」と、無理してでも会うべきなのでしょうか？

　わが家の子どもたちは、どちら側の祖父母にも会うことがありません。子どもたちからは「おじいちゃん、おばあちゃんってどこにいるの？」「まだ生きてるの？」と聞かれることがありますが、そんなときは**「いろいろあって、昔、すれ違っちゃってさ。それに、今は遠くに住んでるから会えないんだ。でも、きっと元気にしてると思うよ」**と答えるようにしています。"いろいろあって"の中身については、いつか子どもが知りたがったときに、向こうの悪口にならないよう配慮しつつ、「ママが頑固でさ」という方向からサラッと話そうかなと思っています。

　でも、実際のところ、中学生以上にもなると、学校や部活、友達、そして今一緒に住んでいる家族のことでいっぱいいっぱいで、祖父母に会えない現状を改めて考えて葛藤したり、恨んだりする余裕はなさそうです。愛情をたっぷり与えてくれる人が近くにいるのなら、ほとんど会わない人のことをあえて話題にする必要はありません。ましてや、無理してまで会いになんて行かなくていい。**ママの気持ちを大切にしてストレスを減らし、そのぶん、子どもに愛情を注いであげてくださいね。**

まとめ

**疎遠な人について考えるのにエネルギーを使わず
今、一緒にいる家族にたっぷり愛情を注ごう**

CHAPTER

6

発達編

69

体重

**体重が標準かどうか、
成長曲線に照らし合わせてチェックする**

するならこっち

**体重だけでなく、
全体的な成長を見る**

　小児科では、赤ちゃんの成長の指標として「体重増加度」が重要視されます。でも、助産師の目線では、**手足の動き、表情、首すわりなど、月齢相当の発達度合いも大切**。体重は、数値だけを見て「母乳が足りていない！」「育て方を間違えている！」などと言えるほど、万能な情報ではありません。

　体重の増え方は本当にさまざまで、生まれてすぐからガンガン増える子もいれば、飲んだ量に対するうんちの回数が多く、体重に反映されにくい子もいます。よく動く子も体重は増えにくいし、離乳食が始まってから一気にスパートをかける子も。増加の速度も一定ではなく、加速期と停滞期が交互に訪れます。

　さまざまな文献を見ると、母乳のみで育つ赤ちゃんの場合、

・生後6カ月までは、1日18〜30g増（1カ月で500g増）
・生後6カ月で出生体重の2倍
・6カ月以上は1日5g増程度に落ち着き、1カ月に200gも増えれば問題なし

とされていることが多いです。

　健診などで「体重の増えが悪い」とダメ出しされた赤ちゃんも、この指標と冷静に照らし合わせると、なんの問題もないことも多いのではないでしょうか。

　赤ちゃんが順調に育っているかどうかは、さまざまな材料から総合的に判断するべきです。体重は、あくまでもその中の指標のひとつですから、気にしすぎないようにしましょうね。

まとめ

体重の増え方、増えるスピードにも個人差があることを理解しよう

70

発達・発育の目安

しなくていい

子どもの発達・発育と平均を
常に照らし合わせる

するならこっち

発達・発育のスピードには個人差が
あるから、その時々の段階を純粋に楽しむ

　わが家の第12子のねねちゃんは10カ月で歩き始めました。つかまり立ちからそっと両手を離して、1歩、2歩、3歩……満面の笑みでヨタヨタと前進し、そのまま両腕を広げてママの胸の中にダイブ。おぼつかないあの足どり、かわいかったなぁ。

　さて、ねねちゃんは平均より少し早めに歩き始めましたが、ママにとって赤ちゃんの発達・発育は常に気になるもの。首はすわった？　寝返りできる月齢は？　ずりばいは？　はいはいは？　おすわりできた？　そして、いつ歩き始めるんだろう……？　早すぎても「足に負担にならないかな？」と心配になり、遅くてもやっぱり「発達に問題があるんじゃないか？」と心配になる。どちらにしても関心は尽きません。

　発達段階の中でも、特に、歩き出す月齢は個人差が大きいです。平均は1歳1カ月ぐらいですが、めっちゃ早い子は8カ月で歩きます。遅いと1歳8カ月ぐらいかな。その差はなんと1年！　もちろん、なんらかの疾患などに付随した筋力の弱さが関係することもありますが、何も問題がなくてもこれぐらいの差が生じることは普通にあります。単にやる気の問題だったり、その子の性格的な素因などさまざまな要素が絡んで差が生じるのです。

　ママはつい、無意識に周囲の同月齢の子とわが子を比べて一喜一憂してしまいますが、8カ月で歩いた子も、1歳8カ月で歩いた子も、長いスパンで考えたときには何も変わりません。わが子の成長を素直に喜び、そのときしか見られない姿を目に焼きつけてくださいね。

まとめ

長い子育て、長い人生
発達・発育の「早い」「遅い」に大きな意味はない

71

赤ちゃん言葉

しなくていい

**赤ちゃんのうちから
正しい日本語で話しかける**

するならこっち

**赤ちゃん言葉を
積極的にとり入れる**

生活編

からだ編

しつけ編

コミュニケーション編

人間関係編

発達編

考え方編

わんわん、ねんね、もぐもぐ、ブーブー……小さい子がいると、無意識に出る「赤ちゃん言葉」。小さい子でも発音しやすいように、同じ音のくり返しや擬音語などを使うのが特徴です。

以前は、「赤ちゃん言葉で話しかけると言葉の発達が遅くなる」と言われていた時代もありました。しかし、最近は**「ママが赤ちゃん言葉で話しかけた子どもは、知っている単語数が圧倒的に多い」**ということもわかっています。現在は、赤ちゃん言葉を積極的にとり入れたほうが、結果的に早くいろいろなものの名前や意味を理解できるのではないかと考えられています。

小さな子は、「もう寝る時間だからお布団に行くよ」という複雑な文章は理解できませんが、「ねんね」という短くて単純な言葉から「布団に入って眠ること」を連動させて理解するようになっていきます。

私の場合、難しいサ行が正しく発音できるようになる3〜4歳頃までは、どっぷり赤ちゃん言葉で話しかけていますね。だって、「あのちゃー、きょうちゃー、ほーくえんであちょんだ」なんて言われたら、こっちもつい「なにちてあちょんだ〜ん？♡」って返したくなる（笑）。短い間しかできない赤ちゃん言葉コミュニケーションを、思う存分楽しんでいます。

ただし、家の中で日常的に赤ちゃん言葉を使っていると、ビジネスの場などでついポロッと出てしまうこともあるようなのでご注意を。「その書類、ナイナイしといて」とか言う上司がおったらかわいいけどね（笑）。

まとめ

赤ちゃん言葉は「正しい日本語」の理解への第一歩
今しかできないやりとりを、めいっぱい楽しんで

72

言葉

しなくていい

発語を促すため、
とにかく絵本をたくさん読む

するならこっち

日々のコミュニケーションを
大切にする

　子どもの言葉の発達を促そうと、毎日、絵本をたくさん読むなど、がんばっているママも多いでしょう。つい「"わんわん"って言ってごらん？」などとやりがちですが、無理に言わせる必要はありません。子どもは、親子で仲よく遊ぶ、一緒にごはんを食べるといったささやかなコミュニケーションを通じて、ママの声やトーン、しぐさなどを自然にマネしていきます。**「発語のため」とは考えず、一つひとつの日常のコミュニケーションを丁寧にすることがいちばんです。**

　ちょうだい、かして、はい、どうぞ、ありがとう、ごめんね、ダメ、いただきます、ごちそうさま、おはよう、おやすみ、ばいばい、おかえり……アイコンタクトをとりながら、表情豊かに声をかけてあげましょう。また、**「りんごとみかん、どっちがいい？」など、２つの中からどちらかを選ばせる遊びもおすすめ。**選ぶときには注意が集中しやすく、子どもの能動的な気持ちが働きます。

　そして、**家の外に積極的に出て、五感を十分に使って世界に触れ合うことのできる環境**をつくってあげましょう。実際に目で見たもの、耳で聞いたもの、手で触れたものは、発語を促す大きな材料になります。

　しゃべってくれないけどコミュニケーションはとれている、言葉の意味は理解していそうだ、という場合は単に性格などの理由で言葉が出るのが遅れているのかも。ただし、３歳になっても言葉が出ないときは保健センターなどに相談しましょう。

\まとめ/

 **言葉が出る前の、言葉をためる時期に
刺激たっぷりの外の世界と触れ合おう**

73

絵本

しなくていい

❌ **0歳から年齢に合った
上質な絵本を与えていく**

するならこっち

**お話を聞いてくれるようになってから
絵本を与える**

生活編

からだ編

しつけ編

コミュニケーション編

人間関係編

発達編

考え方編

「いっぱい読み聞かせしてあげるんだ♪」と妊娠中から張り切るママは多いですよね。生後5カ月ぐらいまでの赤ちゃんなら、目の前の絵本をじっと見つめ、静かに聞いてくれるでしょう。しかし、それ以降になるとめくる、破る、かじる……夢見ていた読み聞かせの理想像は、もろくも崩れ去ります。

めくる期、破る期、かじる期の子どもに、「上質な絵本」は必要ありません。今は100均にもいろいろな種類の絵本が売っていますから、うまく活用してこの時期を乗り越えましょう。ママが読んであげたい本を読むのは、お話の意味がわかり、静かに聞けるようになったらで十分です。

私のいちばんのおすすめは"おてて絵本"。本をめくるように手をパタパタと動かしながら、即興でお話をつくっていくのです。「むかーしむかし、沖縄の海がとってもきれいな街に、2歳のとーってもかわいい女の子がいました。ふと見ると、その子の顔にヒゲが生えてきたのです……」とか話すと、子どもたちから「なんでやねーん！ そんなわけあれへん！」とツッコミが入ります。読み聞かせというより、親子のコミュニケーションですね。

「じゃあ、続き考えてみ？」と言うと、子どもは一生懸命考えてお話をつくってくれます。これを毎晩やることで、想像力や独創性がどんどん養われていきます。「前も聞いた」とか言われないよう、親も必死でお話を考えなきゃいけないから、脳のトレーニングにもなる。そして何より、お金がかからない！ 親にとっても子にとっても、いいことづくめのおてて絵本です。

\まとめ/

 絵本は"与える"のではなく"コミュニケーションツール"に 親子でお話を創作するのもおすすめ

74

知育

しなくていい

英語、体操、音楽……
0歳からの早期教育

するならこっち

子ども本人がやりたいと
言ってからやらせる

生活編

からだ編

しつけ編

コミュニケーション編

人間関係編

発達編

考え方編

今は、0歳、1歳、2歳というまだ小さいうちから、いくつも習いごとをしている子がいますね。でも、習いごと……高くないですか（汗）。小さな頃から、こんなにお金をかけていいのでしょうか？　そして、それだけ早くから習わせて、一体どの程度の効果が得られるのでしょうか？

たとえばスイミング。「バタ足は膝を曲げず、足のつけ根から動かすんだよ」と教えられても、幼児はすぐに理解できず、なかなか上達にはつながりません。しかし、これが小学生にもなれば「よし、足のつけ根から動かすんやな」と即座に理解し、意識してからだを動かすことができます。そして、上達の喜びが、自己肯定感のアップにもつながります。

つまり、**未就学児、ましてや0歳からの習いごとなんて、あまり意味はないということ**。嫌がるのを無理やり連れていくなんて、もってのほか。親子ともどもエネルギーの無駄遣いです。**この時期の実になるか、ならんかわからん習いごとにお金をかけるぐらいなら、小学校高学年以降、「これがやりたい！」と子どもが自ら言ってきたときのためにとっておいてあげましょう。**

未就学の時期は、いろいろな人とかかわりながら、世の中を渡り歩いていくための適応能力を身につけることが何よりも大切です。「習いごとという場で、園以外のかかわりをつくってあげたい」という意見もありますが、**人間関係は園だけでも十分学べます**。泳ぐ、文字、英語、楽譜など、習いごとで得られる"スキル"を身につけるのは、そのあとからでも遅くありません。

まとめ

習いごとで"スキル"を身につけるより
遊びの中で"生きる力"を育もう

75

習いごと

しなくていい

週にいくつも習いごとを掛け持ちさせ、
送迎でかけずり回る

するならこっち

オンライン習いごとで、物理的にも
金銭的にも少ない負担で学ぶ

習いごとの話の続きです。上の子5人は幼稚園だったので、周りは習いごとをしている子ばかりでした。でも、下の子がいて送迎に無理があったことから、うちは何もさせてあげられなかった。そんな自分を「習いごとをさせてあげられない環境なのは親のせい。子どもたちがかわいそうなんじゃないか」と、責めた時期もありました。今思うと、「幼稚園になったら、習いごとのひとつやふたつはさせてあげるべき」という、誤った世間体を気にしていただけだったのですが。

その後、わが家では**「小学生になったらひとつまで」と習いごとのルール**を決めました。水泳をやった子、ダンスやサッカーに熱中した子……自分で「やりたい」と決めたものを習うので、結果として、どの子も意欲的にとり組んでいたなぁ。

わが家の習いごとは小学校からのスタートでしたが、特に、もう少し小さいうちから始める場合、「送迎」という高いハードルが立ちはだかります。**そこでおすすめなのが「オンライン習いごと」**。わが家のふうたくんは、オンラインでプログラミングを習い始めてもう2年が経ちます。今は、オリジナルゲームをつくるのに夢中になっているようです。

オンラインのいいところは、夜、比較的遅い時間でも、自宅だから終わった途端にすぐ寝られること。そして、お天気も関係なし！ 先生の面接もできるので、この子に合う／合わないを親が事前に判断することも可能です。何より、お財布にもやさしいのが、親にとってはうれしいですね。

まとめ

**親の負担が少なく、子どものペースで学べる
メリットずくめの「オンライン」**

76

遊び

しなくていい

知育玩具など、子どもの発達に
よさそうな道具を揃える

するならこっち

子どもが安全に遊ぶために
必要な環境を整える

「外遊びが子どもの情操にいい」と聞けば外遊びをさせようとし、「知育玩具が子どもの発達にいい」と聞けばそのおもちゃを与えていませんか？　子どもが外で遊びたがっているのに、知育玩具を渡して「これで遊びなさい」って強制されたら、それはもう遊びではなく「課題」。そんなの楽しいはずありません。

　子どもにとっての遊びとは、自分から環境に働きかけ、それに応じて環境が変化し、さらにそれを受けて自分の行動が起きる——という行為の連鎖として起こるもの。**ただそこにある環境と自由にかかわることが遊びですから、外が好きなら１日中外にいてもいいし、家が好きなら家の中のもので思う存分遊べばいいのです。**

　沖縄に住むわが家の場合、遊び場はもっぱら海！　天然の砂浜！　砂のお山をつくったり、きれいな石やサンゴのかけら、シーグラス集めをしてみたり。歩いているヤドカリさんをひたすら眺めるのも楽しい時間です。波打ち際に立ち、打ち寄せる波に濡れないように走って逃げるゲームも盛り上がります。

　お砂場セットやボール、なわとび、シャボン玉など、遊ぶために特化した道具がなくても、子どもたちは感覚をフルに使い、公園や海、山、野原といったその場所の環境自体を味わって十分に遊びます。**つまり、親が与えてあげるべきものは「道具」ではなく、「環境」であり、「安全」です。**「子どもにどんな遊びをさせたら○○にいいのか？」という発想はやめ、考えすぎずに、大人も子どもと一緒になって自由に遊びましょう。

まとめ

遊びに「○○のため」という概念は不要
ママも童心に戻って、とにかく自由に遊ぼう

77

運動

しなくていい

運動神経を発達させるために、
小さい頃から体操教室に通わせる

するならこっち

身体能力を上げるために、
からだを動かす遊びをさせる

　赤ちゃんのからだの発達具合を見て、「この子は運動神経が悪そうで……」と悲観するママがいますが、**発達の早い・遅いの原因が運動神経にあるとは言い切れません。**というのも、「寝ているこの角度から見るこの景色がおもしろいな」と思っている子はなかなかはいはいをしなかったり、「縦方向のこの動きがおもしろいな」という子はすぐに立ったり。運動神経だけでなく、興味や関心、好奇心が動きにかかわることもあるのです。

　ちなみに私、運動神経は悪いです。車の運転も苦手。空間認知能力が弱いのか、車の幅と道の幅の感覚がわからなくて、「よし、行ける!」と思った道でガリガリガリ……と何度車をこすったことか(泣)。

　でも、身体能力はめっちゃ高いです!　これは、子どもの頃には野山を駆け回り、学生時代には陸上と水泳をバリバリやっていた賜物。「からだをこう動かすと、筋肉がこうなる」というのが、感覚的にわかるんですね。大人になった今でも、何かスポーツをやると「からだの動かし方がうまいですね」とたいていほめられます。

　そう、運動神経と身体能力は別のものなんです。**運動神経はある程度ポテンシャル次第ですが、身体能力は働きかけでいくらでも伸ばすことができます。**歩き始めたら、とにかく外をたくさん歩かせましょう。家の中なら、手押し車やトランポリンなどもおすすめ。たくさんの遊びの中で、からだのあちこちの感覚を楽しむことが、身体能力の向上につながります。

まとめ

**お散歩や外遊びで大いにからだを動かすことが
身体能力アップの秘訣**

78

児童館

しなくていい

お友達とのかかわりを求めて
児童館通いをする

するならこっち

児童館通いにしんどさを感じるなら、
無理に行かない

幼稚園や保育園に通うまでの期間、「お友達とかかわる機会をつくったほうがいいのかな？」と考えるママが足を運ぶのが、児童館や支援センターですね。そこで生まれるのが、「児童館へ行っても、活発なわが子が他の子に迷惑をかけてばかりで、謝りまくって疲れてしまう」という悩みです。

1歳、2歳の子は、人との接し方をいろいろ試してみて、「こうしたら嫌がられるんだな」「この子には拒否されたから、あの子のところへ行ってみよう」などと、人との距離感を少しずつ学んでいる最中。いきすぎたアプローチをしてしまい、相手から嫌がられることもあります。これを仲介したり、謝ったりするママは疲れて当然。「お友達のものをとっちゃダメでしょ！」などと怒られた子どもも、自分自身を否定されて傷つきます。

だから、**怒らなくてはいけない状況をわざわざつくるのはやめましょう。**無理してまで児童館へ行く必要はナシ！　未就園時代は、まだまだ家でママとかかわるだけで十分です。**社交性を身につけるのは、園に通い始めてからでも間に合います。**

活発なのとは逆に、「お友達と一緒に遊んでほしいのに、ママのそばから離れない」というお子さんもいます。「せっかく連れてきたのに！」とイライラするぐらいなら、おうちでゆっくり遊ばせてあげてください。

もちろん、他のママとのおしゃべりなど、「私が楽しいから」という人は、どんどん児童館に通ってくださいね。でも、「この子のため」という理由なら、無理して行く必要はありません。

 まとめ

未就園時代は、家でママとかかわるだけで十分
「怒らなくてはいけない状況」をわざわざつくらない

母子分離

しなくていい

その場所に行く意義などを
切々と説く

するならこっち

「いってらっしゃい」と
笑顔で送り出す

生活編

からだ編

しつけ編

コミュニケーション編

人間関係編

発達編

考え方編

初めての入園。あるいは、プレ幼稚園や一時保育の利用。母子分離は、親子にとってひとつの大きな関門です。うまく離れられなくても「自立できていないのでは？　何か問題があるのでは？」と落ち込む必要はありません。

まず、プレ幼稚園や一時保育のような週に数回だけの登園では、子どもは慣れません。どうしても慣らす必要があるのなら、回数を増やす。必要がないのなら、本格的な入園まで時期を待つのもひとつの手だと思います。

子どもが登園時に泣くのは、「これからここで何が行われるのだろう。自分はどうなってしまうのだろう」と、想像をめぐらせているから。見方を変えれば、「感受性が豊かな子」ということになりませんか？

とはいえ、泣いている、あるいは行くのを嫌がっているのを見ると心配になりますよね。**そこでママに観察してほしいのが、帰ってきてからの様子です。**機嫌が極端に悪くないか。ごはんはちゃんと食べられているか。微熱や下痢などはないか。夜に何度も起きたりしていないか。先生にも、給食や水分をきちんととれているか聞いてみましょう。

心とからだは密接につながっていますから、その子が本当にしんどいのであれば、何かしらの反応が出ているはず。これらに問題がなければ、**ママの見えないところでは楽しくすごせていますから、心配しなくて大丈夫です。**あまり心配しすぎず、「園は楽しいところだよ！」と笑顔で送り出しましょう。

\まとめ/

**帰宅後の様子に異変がなければ問題なし
保育のプロに安心してお任せしよう**

80

手助け

しなくていい

子どもの自立を促すために、
なんでもひとりでやらせる

するならこっち

できないことは
どんどん手伝ってあげる

　自分で服が着られない。靴が履けない。上手に食べられない……これ、どんどん手伝ってあげてください！　**できないことは親がやってあげたほうが、逆に自立を促します。**

　私も、第5子ぐらいまでは「自分のことは自分でやりなさい」とよく言っていました。しかし、きちんとしつけていたはずなのに、彼らは成長しても「自分でやってみよう」という自主的な行動があまり見られず、親としてヤキモキさせられました。

　この反省をいかし、下の子チームはなんでも手伝う子育てに大きく変化。「できることまで手伝う」という過干渉にはならないよう、ときに衿を正しつつ。結果、彼らはなんでも意欲的に挑戦する子に成長しています。

　思い起こせば、上の子たちには「もう〇歳なんだから」「これぐらいできないと！」などの否定的な言い方もしていました。手伝ってもらえないどころか、できないことを否定され続けることで、自己肯定感は低下しますよね。対して、下の子たちは、やってみてうまくいかなくても否定されないと知っているから、「自分でやってみよう」という意欲が育ったのだと思います。

　子どもの頃から「自分のことは自分で」「人に迷惑をかけてはいけない」という価値観を刷り込まれすぎて育つと、大人になって本当に困ったときにも、誰かに頼ることができなくなってしまいます。**人に頼ったり、甘えたりするのは、長い人生を生きるのに欠かせない能力です。**困ったときに「助けて！」と素直に言える土台を育んであげましょう。

まとめ

**できないことはどんどん手伝ってあげてOK
できなくても、がんばりやほんの少しの成長をほめよう**

81

性格

しなくていい

天真爛漫な子どもらしさを持ち、
お友達と楽しくすごしてほしいと願う

するならこっち

「慎重」「冷静」「マイペース」といった
子どもの性格を理解し、尊重する

園に行くのを嫌がる。お友達と遊ばず、ひとりですごしている。お遊戯会では踊らずに棒立ち……そんなわが子を見て、「私の育て方が間違っていたのかな？」と不安に思うのは、ママの中に「園ではこんなふうに生活していてほしい」という勝手な理想像があるからではないでしょうか。

園になかなか慣れないのは、「慎重だから」なのでは？　ひとりですごすのは、周りをよく見る「観察力がある」からだし、単純に「マイペース」なのかも。踊らないのは「冷静」、あるいは失敗を恐れる「心配性」なのかもしれません。

慎重、観察力、冷静、心配性……いずれも、わかりやすい"子どもらしさ"とはつながらないかもしれませんが、**その能力はきちんと伸ばしてあげれば立派な宝となります。**人に左右されないマイペースなんて、最高の能力ですよ。環境に適応するには時間がかかるかもしれませんが、ゆったりと見守りましょう。

大きな音や花火、雷、予防接種などを極端に怖がる繊細さも、そのまま受け入れてあげてほしいです。私たちが、苦手な虫がいる部屋に放り込まれる（！）のが絶対に嫌なように、彼らにとっての「怖いもんは怖い」も変えられません。「怖い」という気持ちを表現しても大丈夫な環境をつくり、「そうやな、怖いんやな」と共感してあげることが、安心感につながります。

あやふやな"子どもらしさ"に固執して理想を押しつけるのではなく、**ママには目の前にいる"その子らしさ"を大切に**してほしいな、と思います。

まとめ
**"子どもらしさ"に期待するのではなく
"その子らしさ"を大切にしよう**

82

発達障害

しなくていい

不安があっても
3歳までは様子を見る

するならこっち

違和感を感じるなら、
早めに専門家に相談する

　2歳台後半でも発語がないと心配になり、「うちの子は発達障害なのでは？」と検索魔と化す日々……不安だと、つい検索したくなる気持ちもよくわかります。「情報収集」の項でもお話ししましたが、**検索することでママの気が済むのなら、どんどん検索したらいいと思います。**

　発達障害とは、脳の機能が独特であることから生じます。そして、「ここからが正常で、ここからが異常」と、明確に線引きできるものではありません。ネットにあるようなチェックリストを見て、「この特徴にいくつあてはまっているから発達障害だ」と素人が簡単に判断できるものではないのです。

　だから、**頼ってほしいのは、ママの直感です。**発語がなくても、「目も合うし、コミュニケーションもとれている。何を言っているのかわからない宇宙語もかわいい！」とママが思えているなら、問題がないことが多いです。しかし、ママが「ん？　何か変だぞ」と思うような違和感、あるいは「もう無理！」と思うほどの育てにくさを感じているなら、3歳になるのを待たず、一度専門家に診てもらうのもいいと思います。

　「発達障害なのかどうか」とモヤモヤしながら子育てをするのが、いちばんつらいもの。受診すれば、仮に「様子を見ましょう」という結果であっても、相談先ができるだけでも安心できるはずです。診断が下りた場合には、その子に合った適切なサポートを開始することができます。違和感がなくても、3歳になっても発語がない場合は保健センターへ相談しましょう。

まとめ

**専門家に診てもらうことが
ママの安心と適切なサポートにつながる**

83

発達障害

しなくていい

発達障害の子は、
愛情不足にならないよう手をかける

するならこっち

「子どもがどうすれば生きやすくなるか」に
フォーカスする

生活編

からだ編

しつけ編

コミュニケーション編

人間関係編

発達編

考え方編

　わが家の7番目の子、ななちゃんには発達障害があります。発覚したのは小学校に入ってから。宿題のプリントができないなど学習面でのトラブルが頻発し、専門の機関を受診したところ「自閉スペクトラム症」という診断がつきました。

　当時の私は、発達障害に関する「母親の愛情不足」「生育環境に原因がある」などという記述を見ては、激しく落ち込みました。担任の先生から「お仕事が大変なのもわかりますが、もう少しお子さんに寄り添えませんか？　ななちゃんはさみしいと思います」と連絡帳に書かれ、大泣きしたことも。

　お友達と揉めるたびに「なんで理解してもらえないの？」と葛藤しました。でも、当事者でなければ理解できないのも当然。だから今では、周囲の理解を得ることよりも、この子のこれからの人生が生きやすくなるように導いてあげることのほうが大切なのではないか、と考えるようになりました。

　今やっているのは、とにかくほめること！　学校から衝動的に帰宅してしまったら、「ちゃんと上履きからスニーカーに履き替えて帰ってきたんやな！　冷静やったな！」。弟を叩いてしまったら「今、叩きどころ考えたやろ？　えらい！」。「悪いことをしてしまった、怒られる」と身構えているところでほめられると、カッカしていた気持ちも和らぎ、次の行動も変わります。

　こうしたポジティブなやりとりのくり返しが、育児においては非常に重要です。これは、発達障害の子だけでなく定型発達の子にも同じことがいえますから、ぜひ応用してみてください。

まとめ

**子どもの好ましくない行動の中に
無理やりでもいいから、ほめどころを見つける**

84

文字・数の勉強

しなくていい

年少さんぐらいになったら
文字や数の勉強を始める

するならこっち

1年生になったらあっという間に
覚えるのだから、無理に教えない

　3〜4歳ぐらいになると、文字を読んだり書いたりできる子がぼちぼち周りに現れてきます。それを見て「うちの子もできないとマズイのでは!?」とあせり、ドリルを買ってやらせたり、通信教育を始めてみたり。5〜6歳になると、入学前に覚えさせようと必死に教え込むママもいるようですね。

　12人育てた私から言わせると……その努力は一切不要です！というのも、**ひらがなをまったく書けないまま小学校に入った子も、1年生の1学期が終わる頃にはきれいに全部覚えます。**むしろ、入学前から書けていた子のほうが、間違った書き順で覚えていたりして、それを矯正するのに苦労することも。

　特に勉強系のことは、親が子に何かを教えるとうまくいかないことが多いです。「どうしてちゃんと書けないの？」「ドリル、サボらないで！」……よかれと思って教えているのに、その時間が親子ともども苦痛なものになってしまってはつらいもの。

　もちろん、「勉強大好き！」というお子さんなら、その子に合った教材を与えてどんどんやらせるのもいいでしょう。でも、そうでないのなら、**幼少期に無理にやらせる必要はありません。**1年生になるのを待ち、そこで出会う先生＝"教えるプロ"に任せれば、あっという間に習得してしまいますからご心配なく。

　子どもがママからもらいたいのは、愛情表現とスキンシップです。だから、ママは先生にならなくていい。幼少期のかぎられた時間は、その時期にしかできないすごし方で思う存分スキンシップを図りましょう。

まとめ

勉強は小学生になってからで十分間に合う
幼少期にしかできないすごし方に時間を割こう

考え方編

85

子育ての理想

しなくていい

理想の子育て像を目指して、
何事も全力でがんばる

するならこっち

気負わず、ママが
笑顔でいられることを優先

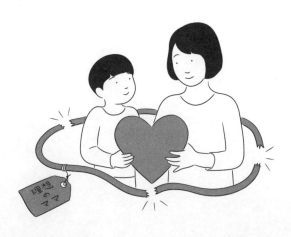

　母乳で育てるべき、手づくりするべき、いつも穏やかであるべき、しつけをするべき、いっぱい遊んであげるべき、習いごとをさせるべき……こうした、いわゆる「よい母親像」は、令和となった今なおキリがないぐらいたくさんあります。

「こうあるべき」という圧は、ママに大きなストレスを生み出します。たとえば、「ママは子どもと一緒にすごすべき」というイメージが自分の中で強すぎると、保育園に預けることに罪悪感を感じ、一緒の時間をすごせない自分は「よい母親」にはほど遠いと自らを追い込む結果になります。大きなプレッシャーと無力感の間に、多くのママが混乱しています。

　12人育ててきて実感しているのは、**ママ自身の心の満足度が高い状態こそが、子どもにとっていちばん大切だということ。**完璧じゃなくても、手づくりじゃなくても、失敗しても、ママが笑顔なら子どもはハッピーなんです。

　ママが幸せだと、子どもに与えられることも自然と増えていきます。そして、できる範囲で全力でがんばっているのだから、どんな選択をしようと"手抜き"なんてことはありません。

　そもそも、ひとりの人間だった個人が、子どもという新たな命に恵まれた結果、たまたまママになっただけ。ママになった途端、いきなり今までの価値観や考え方、欠点や習慣を劇的に変えられるはずなどありません。「ママなのだから」と気負うことなく、人間らしくときに失敗して罪悪感を覚えたり、反省したりしながら、子どもと一緒に成長していきましょうね。

> **まとめ**
> キャパオーバーで自滅するより
> できることをできる範囲でやって、ハッピーな毎日に

86

おしゃれ

しなくていい

**子どもが最優先。
自分の身なりは気にしない**

するならこっち

**自分の気分がアガる
アイテムを身につける**

生活編

からだ編

しつけ編

コミュニケーション編

人間関係編

発達編

考え方編

　私、ネイルアートが大好き♡　以前は、助産院に来るママさんたちのアートなネイルを見せてもらって、よく目の保養にしていました。「子育てしているママにネイルは不要！　そもそも危険！」という意見も確かにありますが、指先の「かわいい！」でハッピーになれたり、ほんのささやかでもがんばる活力になったり、**ママのテンションアップにつながるのであれば、ネイルには大きな意味があるのではないでしょうか。**

　ネイルに抵抗があるなら、ペディキュアがおすすめです。素足にサンダルの季節、足先を思いっきり派手にすれば、指先にまでこだわっている自分自身に酔いしれてモチベーションもアップ！　そう、**子どものためでも、パパのためでもなく、おしゃれは自分のためなんです。**

　子育てで余裕がないと、「誰も自分のことなんか見てないし。もう歳やし。子どもといたら服が汚れるから」などとそれらしい理由をつけて、自分磨きを怠ってしまいがち。「人は見た目で判断したらアカン」「外見よりも内面を磨け」とは言いますが、外見が悪くて第一印象で悪いイメージを持たれてしまったら、内面まで見てもらえないかもしれませんよね。

　出産を経て、大人の魅力を発揮できるのはまさにこれから。このすてきな時期におしゃれしないのはもったいない！　子どものことは最優先、でも、自分を磨くことも忘れない……そんなママは、子育てにもどこか余裕が感じられるもの。まずは、自分の気分がアガるアイテムをひとつ買いに行きませんか？

／まとめ＼

きれいなものを見てテンションがアガる
いくつになっても、おしゃれの喜びを忘れずに

87

保育園・幼稚園

しなくていい

**預ける時期について
「早いかな」「遅いかな」と悩む**

するならこっち

**預ける時期の早い遅いで差は出ない。
自分の選択に自信を持つ**

or

　最近は、産後1年未満で仕事復帰するケースもめずらしくありませんが、「こんなに早くから保育園に預けていいのかな」と内心で葛藤するママは多いようですね。

　保育園に早くから預けることには、メリットがたくさんあります。たとえば、早ければ早いほうが、赤ちゃんはすんなり環境に馴染みます。また、家事などもしながら子どもを見なくてはいけないママとは違い、先生は保育のプロ。預かっている間は全身全霊で向き合ってくれるわけですから、子どもはめちゃくちゃハッピーですよね。初めのうちは病気をたくさんもらってくるのがデメリットといえますが、大きくなるにつれて強いからだになっていきますから、しばらくの辛抱です。

　一方、自宅保育を選択したママにも、「私とだけすごす毎日で、社会性が育たないのでは？」といった悩みがあるようで。私は上5人を3歳から幼稚園、下7人を0歳から保育園に入れましたが、どっちでも違いはありませんでした。**3歳の入園からでも、小学校入学時に必要な社会性は十分身につきます。**

　みんな、「こうあるべき」という見えない価値観に左右されすぎです。保育園か幼稚園か、各家庭の生活や仕事の状況に応じて選ぶことになりますが、それ以上に**「私がどうしたいか」を大切にしましょう。**

　そして、選択した以上はその道に自信を持つこと。自信がないと、子どもはすぐに見抜きますよ。選んだ道を堂々と歩き、その時々の子育てをたっぷりと楽しんでくださいね。

まとめ

早くから保育園でも、3歳まで自宅保育でもいい
ママがいちばん笑顔でいられる選択をしよう

88

園選び

しなくていい

~~子どもに合う保育園・幼稚園を
必死に選ぶ~~

するならこっち

**通わせやすさで選ぶ。
決め手はママの直感**

ここにしよう!!

完全給食

行事が少ない

家から近い

生活編

からだ編

しつけ編

コミュニケーション編

人間関係編

発達編

考え方編

　子どもが初めての社会生活を送ることになる保育園や幼稚園。子どもに合った園を選ぼうと、みなさん見学へとあちこち足を運びますね。

　まず、「保育園」「幼稚園」、そしてこの両方の機能を兼ね備えた「認定こども園」がありますが、これはそれぞれの家庭の生活スタイルに合わせて選ぶことになります。

　そのうえで聞いてほしいのですが、**子どもにとっても親にとっても "完璧な園" というものは存在しません。**「うちの子は外で遊ぶのが大好きだから」と大きな園庭のある園を選んだのに、気がつけばインドア派に……などというのもよくある話です。

「ここのポイントはいいけど、ここが気になる」というのはどの園にも必ずあります。だからこそ、**頼ってほしいのがママの直感です。**毎日送り迎えをするイメージをして、「ああ、この空間はなんか落ち着くな」と感じるか、「一刻も早く帰りたい」と感じるか。そして、前述の通り、小さな頃の子どもの好みはちっともあてになりませんから、**「近いから」「行事が少ないから」「給食だから」**など、ママの都合で選んでもらって全然OK。

　不安があったり、納得がいっていないまま園に通い始めると、その気持ちは子どもにもしっかり伝わります。ママが合わない園に「子どものために」と歯を食いしばって通っても、子どもが楽しめるわけありませんよね。「なんか好きかも」「通うイメージがわくな」という直感を大切にして、親子ともども楽しい生活が送れそうな園を選びましょう。

＼まとめ／

**通うイメージを持てる園で
無理なく楽しい園生活を送ろう**

ママ友

情報収集のためにも、
ママ友はたくさんつくる

するならこっち

送迎や行事のときに、
挨拶をするだけでOK

実は私、３人目ぐらいまでは、「ママ友づき合いはママとしての義務」と信じ、ママ友をいっぱいつくろうと必死でした。わが家は、常識からちょっとはみ出した人数の子がいるので、積極的にママ友つながりを大切にして、「私は変な人ではありませんよ〜」というアピールをしたんですね。

でも、発達障害のある７人目の子で、「理解してもらいにくい子どもを育てているママ」というバージョンを初めて経験。彼女に向き合うだけでも大変なのに、さらにママ友づき合いにまでエネルギーを消費するのは無理、と気づいたのでした。

現在の私、LINEがつながっているママ友は３人ぐらい。よく「小学校になったらいろいろ聞けるママ友がいたほうがいい」とも言われますが、**質問があったら学校に聞けばいいのです。**ママ友より、担任の先生と仲よくなったほうが便利ちゃう？（笑）

責任感の強い真面目なママほど、「子どものために」とがんばりすぎてしまいます。でも、ママ友はあくまで子どもを介した存在であり、学生時代の友達とは異なります。みんなわが子がいちばん大切だからこそ、トラブルも起こりがち。私もある日突然無視されるなど、傷つく経験もしました。

ママ友づき合いフリーの今はとにかく快適。参観日や行事のときは、**明るく挨拶しておけばオールオッケー！** わが子がよくお邪魔するお宅の保護者に「いつもお世話になってます」ぐらい伝えるのはマナーかな。何かあったときに声をかけ合ったり、助け合えたりするママ友はほんの一握りで十分です。

まとめ

ママ友づき合いにエネルギーを使わない
「子どものために」できることはもっと他にある

90

先生とのコミュニケーション

しなくていい

先生を敬い、先生に
気を使いながら話す

するならこっち

先生に
素の自分を見せる

　園や学校で、あなたは親としてどのようにふるまっていますか？　「子どもが人質にとられているから、園や学校には遠慮せざるをえない」という話もよく聞きますね。

　私は、めっちゃ素を出してます。もう丸裸（笑）。**「こんなん言うたらどう思われるかな？」なんて、一切考えません。**先生が何か言いたそうに感じたら、「何か言いたいことあるでしょ？」とズバッと切り込みます。**「保護者」と「先生」という垣根を越えて、「ただの人間同士」として接するイメージ**ですね。

　歴代の園の担任には、「お弁当の前日には、連絡帳に赤で『お弁当！』って書いといて！　私、すぐ忘れるので！」とお願い（笑）。今は、中３のななちゃんの進路について「先生、どうすればいいかわからん！　一緒に考えて！」と訴え、関係各所からいろんな知恵を借りているところです。

　子育ての味方は多いほうがいい。そのためには、日頃からの関係性づくりがものをいいます。先生の周辺情報を集めて、「もうすぐ娘さん入学式らしいですね。新生活で忙しいだろうに、〇〇組のみんなのことをよく見てくれて、ありがとうございます」とさりげなく伝えたりもしています。**先生も、園や学校を一歩出れば私たちと同じ親だったりするわけですからね。**

　こうして「人間としての私」を日頃から見せておけば、何かトラブルがあった際も、身構えなくて済みます。いつも通りの自分で、言いたいことも言えるし、聞きたいことも遠慮なく聞ける。めっちゃ楽ですよ。

まとめ

「こういうママなんだ」と周囲にわかってもらうことが園や学校ですごしやすくなるコツ

91

ひとりっ子

しなくていい

兄弟のいる子に遅れをとらないよう、
さまざまな経験を積ませようと必死になる

するならこっち

周りとの自然なかかわりを重ねつつ、
自分らしい家族計画を大切にする

生活編

からだ編

しつけ編

コミュニケーション編

人間関係編

発達編

考え方編

　女性が何歳で子どもを持ち、何人産むのかを主体的に決められる社会──世界的には、これが家族計画に関する今の考え方です。しかし、ひとりっ子のママに聞くと、ひとりっ子に向けられる視線は今も冷たいといいます。「ほらね、ひとりっ子だからわがままなのよ」「ひとりっ子だから打たれ弱いのよ」「ひとりっ子だから過保護よね」……。

　人は、"普通"から少しでも逸脱したものに対して、あることないこと、うわさ話を繰り広げる生き物です。子だくさんもそう。「子だくさんだから親が見きれないのよ」「どうせ無計画でしょ」……私なんか12人もいますから、うわさされまくり。いちいち気にしていたら生きていけません。

　うわさ話に過敏に反応してしまう理由。それは、**ママ自身が後ろめたさを気にしているからではないでしょうか。**他ならぬママが「ひとりっ子はかわいそう」「兄弟は必要」「ひとりっ子だと協調性が育たない」と思っているから、必要以上に「世間にどう見られるか」が気になる。「2人目は？」という質問にナーバスになってしまうのも、これが理由です。

　ひとりっ子にはひとりっ子のよさがあり、子だくさんには子だくさんのよさがあります。そしてもちろん、どちらにも欠点もあります。それらを全部ひっくるめて、**自分の家族構成に自信を持ち、周りになんと言われようと堂々としていましょう。**たとえ思い通りにいかなくても、与えられた環境の中でベストを尽くせれば、それで十分だと思いますよ。

\まとめ/　**自分の家族構成に自信を持ち
ひとりっ子ならではのよさを噛み締めよう**

92

女の子育児

しなくていい

理想通りの女の子に育て上げようと、
あれこれ口を出す

するならこっち

同性であっても、ひとりの別人格。
一緒に成長していく

生活編

からだ編

しつけ編

コミュニケーション編

人間関係編

発達編

考え方編

「弟に比べて、上のお姉ちゃんがかわいく思えない……」という悩み、よく聞きます。何歳離れているかにもよりますが、たとえばお姉ちゃんが小学生、弟が幼児という場合、これはもう仕方がない。小さければかわいくて当然。男の子は単純やしね。

それに比べて、女の子は小学校中学年にもなれば、もう大変です。毎日が「ああ言えばこう言う」のオンパレード。「フッ」と鼻で笑われたりなんかした日には、腹も立ちますよね。でも、それは**その子の「行動」を不快に感じているのであって、その子の存在そのものが憎いのではないはず。**まず、そこを混同しないようにしましょう。

そして、腹が立ちながらも、毎日ごはんをつくってあげて、参観日にはせっせと学校へ出向いているわけですよね。**必要最低限のお世話をしてあげているなら、それで十分だと思います。**

うちは12人中8人が女の子、4人が男の子なのですが、まぁ女の子のほうが大変ですね。男の子はわりとママに気遣ってくれる部分があるけど、女の子は容赦ない。同性だからこそぶつかる局面が多く、私も何度も泣かされました。小さい頃はよく「女の子は育てやすくていいねぇ」なんて言われましたが、全部撤回してほしい気持ち（笑）。

人間同士ですから、相性もあります。だから、無理に愛情を持とうとしなくてOK。**日々のお世話を淡々としながら、母も娘も、一緒に成長していきましょう。**ちなみに私、思春期にあれだけバトった長女と、今では大の仲良しです。

まとめ

日々のお世話ができているなら、それが愛情 無理に「かわいい」と思おうとしなくていい

93

男の子育児

しなくていい

女の子と比べて
発達が遅いことを心配する

するならこっち

男の子ならではの
かわいさを楽しむ

か　わ　い　い～

生活編

からだ編

しつけ編

コミュニケーション編

人間関係編

発達編

考え方編

　男の子ママの悩みのNo.1が、「どうやって遊んであげたらいいのかわかりません」。「ママ、遊ぼう」っていうから、隣でブーブーを走らせたり、恐竜を歩かせたりしているのに、まったく反応なし。あら、遊んであげなくてもいいのかしら？とその場を離れると、「ママ、遊ぼうって言ったじゃん!!」……一体、どうせいっちゅうねん！

　ひとりで入り込んで"マイワールド"を形成するのが男の子の遊び。女の子の「ママ、遊んで」は、文字通り、おままごとやお人形遊びにつき合ってほしいということですが、男の子のそれは、「ママ、そこで僕が遊ぶのを見てて」なんです。

　おすすめは、男の子の"世界"に、ママが子ども以上に詳しくなること。電車、働く乗り物、戦隊もの、恐竜など、子どもの好きなものについてママがめっちゃ勉強する。そして、遊んでいる横から「それ、アンキロサウルスやな！」「やっぱホイールローダーはかっこええな！」などと声をかけてあげると、「僕が好きなものに、ママが興味を持ってくれてる！」と、彼らはとても喜びます。必ずしも、向き合って"遊び相手"になってあげる必要はありません。パパに相手を任せるのもいいでしょう。

　男の子は、本当にわけのわからん生き物です。目が離せないけど、だからこそおもしろい。女の子に比べると言語能力も低くて、小学生になっても何をしゃべってるのかわからん子もいたりして……うーん、かわいいっすよね（笑）。宇宙人と接してるつもりで、日々楽しみながら観察していきましょう。

まとめ

男の子育児は衝撃の連続
子どもの"世界"を、子どもと一緒に楽しもう

94

教育方針

しなくていい

夫婦の教育方針をすり合わせ、
一貫性のあるしつけをする

するならこっち

夫婦間で教育方針が異なってOK。
子どもは幅広い価値観を
身につけることができる

教育方針

　たとえば、子どもがお友達とおもちゃのとり合いになったとき。「これも成長の過程だから」とにこやかに眺めているママもいれば、「止めなくちゃ」とあわてるママもいます。そして、自分と逆の対応をするママさんの姿に「過保護だな」「しつけができていないな」と感じる……同じシチュエーションでも、感じ方はいろいろ。つまり、子どもの「しつけ」、さらに、長い目で見たときの「教育方針」には答えがないのです。

　そして、その方針が、ママとパパの間で異なることもあります。**私は、夫婦で一貫した教育方針を持つ必要はないと思っています。**たとえば、ママは、「挨拶をきちんとする」「部屋を片づける」「人に暴言を吐かない」など、子どものお手本として、あたりまえのことをくり返し見せることで、自然な形で「そういうもんなんだな」と刷り込んでいく。逆にパパは「挨拶は!?」「きちんと片づけて!」など、ガミガミ言う。こうして、「ママはこうで、パパはこう」と、いろいろなタイプの教えを経験することは、広い価値観を学ぶことにもつながります。

　気をつけてほしいのは、ママとパパがぶつかった際、ママは子どもの前で絶対にパパの悪口を言わないこと。ママの気持ちは、子どもがいないときにパパに伝えましょう。

　ちなみに、意見の食い違いは問題ありませんが、**夫婦に上下関係があるのはNG。**どんなに歳の差があっても、です。もし、一方がパートナーを見下す態度を改めないようなことがあれば、夫婦の今後について考えるべきかもしれません。

\まとめ/
「正しいしつけ」や「正しい教育方針」は存在しない
親が試行錯誤する姿も子どもの学びになる

95

性教育

しなくていい

月経の血を「なんでもないよ、
大丈夫」とやりすごす

するならこっち

月経についてロマンチックに
さわやかに、正確に説明する

生活編

からだ編

しつけ編

コミュニケーション編

人間関係編

発達編

考え方編

性教育、してますか？　たとえば私は女性ですが、性とは、生まれ持った"心とからだ"と、一生つき合っていくということ。つまり、からだが持つ機能のすばらしさを伝えることは、すべて性教育といえるのです。まずは、「何を食べても同じような色のおしっこやうんちが出るの、不思議やな」「胸に耳をあてると心臓の音が聞こえるで。絶対に止まれへんの、すごいよな」と、**からだのすごさを一緒に発見していくことから始めましょう。**その延長線上に、月経やセックスといった、一般的に性教育と考えられているものが存在しています。

お風呂で、月経中のママから血が流れるのを子どもが発見したら、それはチャンスです。変に隠さず、「赤ちゃんが生まれてくるために必要なことやねん。女の人には、おしっこが出るところとうんちが出るところの間に、命の道があってな……」などと、さわやかに、ロマンチックに事実を伝えましょう。

何か聞かれたとき、嘘をつくのはNG。そして、一瞬でもためらうと、子どもは見抜きます。答えに詰まるなら「明日の夜まで待って！」と時間をもらい、必ずその約束を守りましょう。はぐらかすと「ああ、ママはこの手の質問には答えてくれない人なんだ」とインプットされ、思春期、本当の意味で性の問題が立ちはだかったときに、相談してくれなくなってしまいます。

ひとつしかない「心」と、ひとつしかない「からだ」。過去から未来へと受け継がれていく命のリレーのすばらしさを、親から子へ、自然な形で伝えてあげてくださいね。

\まとめ/
性"教育"と難しく考えず、からだの持つ機能をおもしろがるところから始めよう

96

不登校

しなくていい

✕

不登校の原因を探り、
解決しようとする

するならこっち

親は何もしない、
ただ受け止めるだけ

生活編

からだ編

しつけ編

コミュニケーション編

人間関係編

発達編

考え方編

うちの子のひとりが、中1のときに不登校になりました。不登校は、さまざまな要因によって引き起こされます。育て方や家庭環境だけが原因ではありません。

しかし、自室に引きこもり、昼夜逆転の生活を送るわが子に、当時の私は必死に働きかけました。毎朝しつこく起こしたり、宿題を「できる範囲でやってみたら？」と圧をかけたり。でも、私が意気込んでいる間は何ひとつうまくいきませんでした。

すると、だんだん私も疲れてきて、特別なことは何もせず、ただ見守るようになったのです。ときどきリビングに出てきて趣味の話をする子どもに「へー、そうなんや」と聞くだけ。「ごはん食べな」「お風呂に入ったら？」も言わないようにしました。正確にいうと、めんどくさくなって放置していただけなのですが……でも、そこから事態は徐々に好転していったのです。

乗り越えた今だからいえることですが、昼夜逆転は、エネルギーの消費量が最小限で済むような生活スタイルに一時的に変化しているだけ。いったん社会から距離を置くことで**自分の命を守っている子どもに対して、声かけや対応はいりません**。親は後ろから見守るだけでいい。親も苦しいけれど、いちばん苦しんでいるのは子ども本人。**ママがすべてを受け入れて、ありのままの子どもの存在を認めてあげるのが、唯一の対応策です。**

あんなに苦しんだのが嘘のように、現在、その子は立派に自立しています。一時的な不登校も、昼夜逆転も、その経験は、子どもにとっても親にとっても人生の糧となるでしょう。

\まとめ/

**不登校は誰にでも起こりうる社会適応障害
自分の命を守る子どもを、ただただ見守って**

夫婦関係

✕

「なんでわかってくれないの?」と 責める

男女の脳の違いを理解し、 相手の言動を受け止める

　カップル時代は仲良しだったのに、子どもが生まれた途端にすれ違ってしまう夫婦は少なくありません。**すれ違いの原因の多くは「男女の脳の違い」にあるといえます。**男性の脳は「集中型」「客観性が高くて公平」「白黒つけたがる」「無駄が嫌い」「理論的」という特徴があります。一方、女性の脳は「同時進行的」「主観的で感情的」「結果よりも過程」。まるで正反対です。

　たとえばママは、煮物の火を弱めたら、横目で火加減を見つつ、チャチャッとそうじして、電話を1本かけて、というマルチタスクを難なくこなしますが、パパには到底できないそう。

　そして、よくあるのが「今日な、子ども連れて公園行こうか海行こうか迷ったんやけど、結局どっちもやめて買い物行ってん」という"どうでもいい"ママの話を、スマホ片手に上の空で聞くパパ。「話の目的はなんやねん」なんて思っているのでしょうが、女性の話に目的なんかない！　ただ聞いてほしいだけ！　だけど、男性にはそれがわからないそうです。

　まずは「そういう脳の仕組みなんだ」ということを理解しましょう。そうすれば、パパの（一見不可解で、腹の立つ）言動の理由が想像できるようになり、少しずつではあるけれど、歩み寄っていくことにもつながるはず。

　長く続く夫婦関係です。**お互いの違いを理解し、相手のいいところに目を向けてみませんか。**そして、不器用ながらも協力してくれるパパには、「ありがとう」ときちんと伝えましょう。男性にとって、感謝の言葉がいちばんの報酬なんだそうですよ。

まとめ

**過程を聞いてほしいママと、結果が気になるパパ
違いを理解することが歩み寄りの第一歩**

休息

ママは1年365日24時間、常にフル稼働

するならこっち

「休みます」と言う勇気を持つ

生活編

からだ編

しつけ編

コミュニケーション編

人間関係編

発達編

考え方編

　昔から体力だけには自信があった私。「40歳をすぎたら一気に急降下だよ〜」とあちこちから脅され、身構えて大台の誕生日を迎えたけれど、大きな変化はなく。「ほーら、私は大丈夫やねん！」とタカをくくっていました。

　しかし、その年にとうとう倒れたのです。原因不明、40℃超の高熱が4日間続き、即入院を言い渡されました。この頃の私の睡眠時間は3時間程度。夜中、当時抱えていた0歳、1歳に起こされまくったあげく、朝4時に起きて上の子らの弁当をつくっていました。**この入院騒動を経て、今は7時間ぐらいは寝るようにしています。**朝4時起きなのは変わりませんが、夜9時には小さい子たちと一緒に寝ちゃってます。

　仕事も、適度に休みを入れるようになりました。がんばりすぎると疲れがたまって仕事の質が落ち、さらには、仕事に穴を開けてしまうことにつながるということを、身をもって理解した私。無理して働くより、気持ちにゆとりを持って、マイペースで働くことこそが、頼ってくれるママたち、そして家族のためにもなる──と考えるようになったのです。

　休みをとるのには勇気が必要です。でも、自分が限界を感じているなら、家族に対しても、仕事相手に対しても、とにかく「休みます」と宣言しましょう。**「私がいないと回らない」と意地を張ったところで、倒れてからでは遅いんです。**そして、無事に休みをとったなら、罪悪感などけっして持たず、しっかりリフレッシュしましょうね。

！まとめ！

ママが倒れたら子どもはどうなる？
倒れないようによく休むことこそ、ママの務め

99

メンタルコントロール

しなくていい

お母さんは
家族の太陽であれ

するならこっち

お母さんも
機嫌が悪いときがあっていい

何事にも動じず、いつもニコニコ。お母さんは一家の太陽のような存在でありたい……という理想を掲げる人は多いですが、これは幻想。子育て中はイライラしたり、不安になったり、ママの感情はイヤイヤ期の子どもみたいに変化します。

ある児童精神科の先生は、「パパやママの気分や感情は、子どもにとっては、毎日変化するお天気のようなもの」だとおっしゃっています。子どもにとって、ママの機嫌がよければ晴れ、イライラしていれば雨、怒っていれば嵐、というわけですね。

実際の天気は、予報を見ることで「雨だから車で行こう」「この気温ならニットよりロンTかな」など、状況に合わせた対処ができます。でも、残念ながらパパやママは人間なので、予報するのは難しい。晴れていたと思えば突然、大荒れの天気に切り替わることもあります。

しかし、実際の天気予報も必ずあたるとはかぎりません。だから、感情のお天気も、晴れも、雨も、風も、雪も、いろいろあっていいと思うんです。予測できないいろいろな天気を体験することが、子どものたくましさや環境適応力を育みます。

そして、普段から**ママが不機嫌なとき、怒っているとき、楽しい気分のときにも、「今、こんな気持ちで、それはなぜなのか？」を子どもに伝えてあげること**を意識するといいでしょう。嵐がきても地球は回り続けるように、「どんなときも自分は愛されている」と感じることができるようなかかわりが、子どもの心からの安心感を育みます。

\まとめ/

荒れ狂う日があったっていい
「それでも、あなたを変わらず愛してる」と伝えよう

100

覚悟

しなくていい

"偉大"な親で
あろうとする

するならこっち

親としての
"精一杯"を尽くす

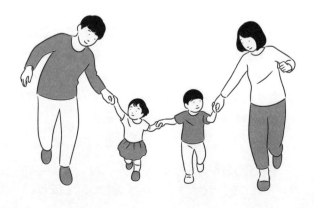

　子を産み、育てる"覚悟"というのは、責任を負うという"覚悟"ではなく、**自分の行動で示し続けるという"覚悟"と捉えたほうがいいのではないか**——20年以上子育てをしてきた今、そう思います。何かあったときには軌道修正をし、解決策を模索するという行動をとり続けること。"覚悟"って言葉にすると怖いけど、みんなシンプルにやっているのではないでしょうか。

　私は昔、「親は子どもの上に立って、人としてあるべき偉大な姿を見せなければならない」と思い込んでいました。それこそが「親の責任である」と。

　でも、自分の子育てを振り返ると、"偉大"どころか、毎日が「あ〜やらかした〜」の連続。子どもに無神経な言葉を投げてしまったり、早とちりして一方的に否定してしまったり。感情に任せてキレることもしょっちゅう。

　だけど、**「人としてがむしゃらに生き抜いてきた私」なら、見せられる自信があるかな。**失敗ばかり、間違いだらけだけど、本気で子どもと向き合ってきました。大事なのは**"偉大"であることではなく、"精一杯"であること**なのではないでしょうか。

　子育ては、失敗しても「責任をとって辞める」というわけにはいきません。「自分はダメなママだ」「最低な親だ」とネガティブなことばかり言って立ち止まるのは、「辞める」のと同じです。不器用でも、能力不足でも、"覚悟"を持って精一杯、自分なりにがんばる親は、それだけで十分にすてきで、"偉大"と呼ぶのにふさわしい姿だと思いますよ。

まとめ

不器用でも、失敗ばかりでも、
子どもと向き合い続けることが「親としての責任」

ここまで読んでくださり、ありがとうございました。

子育てが大変なのは、「正解がないから」だと思います。あるはずのない唯一無二の正解を求めて、ママたちは右往左往し、日々悩んでいる。

だから、この本ではわかりやすく「しなくていい」と「するならこっち」にわけましたが、私が伝えたかったのは、とにかくママにとって心地のいい方法、ママが笑顔でいられるやり方を選んでほしいということ。それこそが正解だと私は思います。

そして、目の前のことを必死にやって、もしそれでうまくいかなかったとしても、「ごめん、うまくいかんかったわ。アハハ！」で、軌道修正したらええ。だって、母親やからって全部が全部、最初からうまくいくわけないやん。母親って、そんな神様みたいな存在なん？　そんなわけあれへんやん（笑）。

かくいう私だって、とてもほめられたママではありません。上の子らの思春期に離婚を経験。シングルマザーとしてひとりですべてを抱え込んでいた頃、自分の存在意義を見失い、苦しんだ時期がありました（そのとき支えてくれたのが現在の夫のMARKです）。

再婚するにあたっては、当時反抗期まっただ中だった長女と壮絶なバトルを展開。そりゃそうですよね、多感な時期に「ほら、新しいお父さんだよ」と紹介されても、なかなか受

け入れられないのも当然です。と、冷静に考えればわかるのですが、MARKを好きになるのを止められない自分もいて。

　未婚のまま11人目の子を妊娠。家族の理解を得られず、一時はあきらめようとも思いました。でも、どうしてもあきらめきれなかった私は、「もう、誰がなんと言おうと産もう」と強行突破で妊娠を継続。

　こうして逆境を乗り越えて生まれてきた新たな命は、家の中に光をもたらしてくれました。そして、「結婚したらええやん。ママは幸せになっていいよ。もう十分がんばってきたやん」と、あれだけ反対していた長女が入籍をあと押ししてくれたのです。あの日のことは一生忘れられません。私が今、12人のお母さんをやれているのは、子どもたちのおかげなのです。

　現在は、「こんな私の経験が、誰かの役に立つのなら」という思いで、沖縄の離島から情報発信をしています。講演会やオンラインで、私の顔を見るなり泣き出す人もいて、「日本の育児はそんなにつらいのか、ママたちはそこまで追い込まれているのか」と、正直、絶望することもあります。

　そんなママたちを「ひとりでも多く救いたい」というのが、今の私の原動力です。自分の影響力の大きさを感じる一方で、届けるべき場所にまだまだ届いていないのではないか、というあせりがあるのも事実。何か、もっと広くママたちを救える方法はないかと模索する日々です。

　こんなことを言うと「HISAKOさん、がんばりすぎやで。自分で『がんばらんでええ』言うてるのに」と言われること

もあるのですが、実はこれって、がんばっているうちに入らんのよね。なぜなら、好きでやっていることだから、どれだけ時間や労力を注ぎ込んでもつらくないし、惜しくない。もちろん、倒れないようにだけはするけどな。

　だから、もう1回言うで。「がんばらんでええ、テキトーでええ」。
　子育ても、ママがやっていてつらいと感じることはテキトーでええ。でも、自分がやりたいと思えることには惜しみなくパワーを注いでいこう。全部が完璧じゃなくていいし、バランスが悪くてもいい。正しいかどうかも気にする必要はありません。だって、子どもの笑顔が、あなたが「間違っていない」何よりの証拠やん。私だってこんなにいい加減ながら、毎日なんとかやってるで。

　親も子もみんなが笑っていられる世の中になりますように。これからも全力で応援していきます。

HISAKO

12人産んだ助産師 HISAKO

1974年生まれ。看護師・助産師資格取得後、総合病院、産婦人科クリニック勤務を経て、2006年大阪市阿倍野に「助産院ばぶばぶ」開設。同院での母乳育児支援・育児相談を中心に、大阪市育児支援訪問・妊婦教室を15年にわたり担当。

政府や自治体依頼による講演活動や、日本全国の幼小中高校、大学、各発達段階に合わせた教育現場における出張授業「いのちの授業（性教育授業）」を展開。

プライベートでは1998年から2020年の間に12児を出産。2020年沖縄県うるま市に移住、助産院移転。

YouTube『【12人産んだ】助産師 HISAKO の子育てチャンネル』を配信中（登録者数約50万人／2023年6月現在）。ブログは子育てバイブルとして1日5万人以上が愛読している。

◎ YouTube 【12人産んだ】助産師 HISAKO の子育てチャンネル
https://youtube.com/channel/UCgLt6RS5cHmL6i15sbu2kGw
◎公式ブログ
https://hisakohome.com/blog/

参考資料

・ワシントン大学
https://www.washington.edu

・アメリカ小児科学会
https://www.aap.org

・厚生労働省
https://www.mhlw.go.jp/index.html

・NPO法人日本ラクテーション・コンサルタント協会
https://jalc-net.jp/index.html

・ラ・レーチェ・リーグインターナショナル
https://llli.org

・母乳育児支援交流会
https://www.seirei.or.jp/hamamatsu/media/mothersmilk-pamphlet.pdf

・消費者庁
https://www.caa.go.jp/policies/policy/consumer_safety/release/pdf/161024kouhyou_1.pdf

・LITALICO発達ナビ
https://h-navi.jp

・『UNICEF/WHO赤ちゃんとお母さんにやさしい母乳育児支援ガイド ベーシック・コース―「母乳育児成功のための10カ条」の実践』国際連合児童基金、世界保健機関（医学書院、2009年）

5万組を子育て支援して見つけた
しない育児

2023年8月3日 初版発行
2023年10月18日 第3刷発行（累計1万8千部）

著　者	HISAKO

イラスト	芦野公平
デザイン	井上新八
編集協力	中田千秋
DTP	エヴリ・シンク

営業	市川聡（サンクチュアリ出版）
広報	岩田梨恵子／南澤香織（サンクチュアリ出版）
制作	成田夕子（サンクチュアリ出版）
編集	吉田麻衣子（サンクチュアリ出版）

発行者	鶴巻謙介
発行・発売	サンクチュアリ出版

〒113-0023 東京都文京区向丘2-14-9
TEL:03-5834-2507 FAX:03-5834-2508
https://www.sanctuarybooks.jp/
info@sanctuarybooks.jp

印刷・製本　株式会社シナノパブリッシングプレス